Nicola Vollkommer

Wie ich lernte, das Chaos mit Gottes Augen zu sehen

Andachten für Mütter

R.Brockhaus

SCM

Stiftung Christliche Medien

SCM R.Brockhaus ist ein Imprint der SCM Verlagsgruppe, die zur Stiftung Christliche Medien gehört, einer gemeinnützigen Stiftung, die sich für die Förderung und Verbreitung christlicher Bücher, Zeitschriften, Filme und Musik einsetzt..

8. Auflage 2019

© 2014 SCM R.Brockhaus in der SCM Verlagsgruppe GmbH
Max-Eyth-Straße 41 · 71088 Holzgerlingen
Internet: www.scm-brockhaus.de; E-Mail: info@scm-brockhaus.de

Soweit nicht anders angegeben, sind die Bibelverse folgender Ausgabe entnommen:

Elberfelder Bibel 2006, © 2006 by SCM R.Brockhaus in der
SCM Verlagsgruppe GmbH Witten/Holzgerlingen.

Weiter wurde verwendet:

Lutherbibel, revidierter Text 1984, durchgesehene Ausgabe in neuer Rechtschreibung, © 1999 Deutsche Bibelgesellschaft, Stuttgart. (LUT)

Umschlaggestaltung: Yellow Tree – Agentur für Design und Kommunikation, www.yellowtree.de
Titel-Icons: glyphicons.com
Satz und Kapitelzeichnungen: Christoph Möller, Hattingen
Druck und Bindung: CPI books GmbH, Leck
Gedruckt in Deutschland
ISBN 978-3-417-26575-0
Bestell-Nr. 226.575

Inhalt

Vorwort 5
Einführung 6

1. Das große Gekrabbel 9

Glücksmomente 10
Abschied von einer Illusion 13
Powerpaket für moderne Mütter 17
Die Schlecktüte 20
Ein Erbe, das es in sich hat 23
Gottes Unikate 26
Eltern – Erzieher der Spitzenklasse 28

2. Spaß mit Kleinkindern 31

Der Bastelabend 32
In der Wilhelma 34
Segen, der ansteckt 36
Das Vaterunser einer Mutter 39
Dem Lachen auf der Spur 42
Ein Kind, das das Weite sucht 45
Vom Bügeln und Beten 48
Von der Freude, Dinge zu besitzen 51
Wann sind wir endlich da? 54
Allein und glücklich 57

3. Die Schulzeit winkt 61

Loslassen 62
Kurzes Wort, langer Weg 65
„Ich habe eine gefährliche Mutter" 68
Gottes Festtafel 71
Gott sperrt sich aus 74
Ich und mein Haus 77
Was sind deine Hobbys? 80

Was uns ein Garten lehrt 83
Von Mücken und Kamelen 86
Nachmittagsspaß Hausaufgaben 89
Gottes Notenschlüssel 92
Der Anruf vom Lehrer 95
Der Gott, der Vögel mag 98
Was ist ein gut erzogenes Kind? 101
Die Kraft der unerfüllten Wünsche 104
Das Wunschkind 107
Die Großfamilie, die Kirche heißt 110

4. Die turbulenten Jahre 113
Bücher und Beziehungen 114
Party feiern – mal anders 117
Gottes Liebeskummer 119
Kaderschmiede für Superstars 122
Gott mutet es uns zu 125
Mit Humor gegen das große Schweigen 128
Karriere auf dem Reiterhof 131
Die digitalen Miterzieher 134
Großes Kino mit der Liebe Gottes 137
„Tolle Kinder hast du!" 140
Klothilde Hipp zieht ein 143
Wahre Schönheit 146
Sexgeplauder ohne Tabu 150

5. Das Leben danach 153
Den Segen wuchern lassen 154
Die Ernte 157
Midlife-Wellness 160
Das Nest leert sich 163
Wenn die Uhr abläuft 166

Vorwort

Kinder, Küche, Kirche – um diese drei Begriffe für die moderne Frau mit Leben, Lachen und Charme zu füllen, bedarf es einer gehörigen Portion Mut und Kreativität!

Dass Nicola Vollkommer davon genug aufbringt, zeigen ihre Erzählungen. Sie hat sich bewusst für das Leben als Mutter entschieden und sieht in dieser Berufung nicht nur eine einzigartige Chance, ihre Umgebung auf positive Weise zu prägen, sondern findet darin eine tiefe persönliche Erfüllung.

Wie jede andere Mutter ringt sie immer wieder um die richtige Einstellung. Wie jede andere Mutter hat auch sie mit Verletzungen, Ratlosigkeit und Frustration zu tun. Aber sie weiß, wo sie damit hingehen muss: zu Gott.

Mit der Bibel auf den Knien – mitten im Chaos der Kindererziehung! – bewältigt sie ihren Alltag. Darin liegt wohl das Geheimnis der Zuversicht, die diese Texte in jedem Mutterherz wecken können: dass es Zeiten gibt, in denen eine Mutter alles stehen und liegen lassen muss und besser zu Jesu Füßen sitzt und zuhört. Und wenn das absolut nicht geht, betet die Autorin beim Zusammenlegen der Wäsche über den T-Shirts und Turnhosen für das jeweilige Kind. Sogar die vereinzelten Socken geben ihr eine Inspiration, für die einsamen Menschen aus ihrem Bekanntenkreis zu beten. Sie tauscht sich mit ihren Freundinnen über die Teenagerphase ihrer Kinder aus und lernt das gemeinsame Beten und Lachen zu schätzen. Sie kümmert sich um Mütter, die mit ihren Aufgaben alleine stehen, und setzt sich für sie ein. Dabei kämpft sie gegen ihre eigenen Schwächen und hat keine Angst, ihre Leser daran teilhaben zu lassen.

Antworten auf die ganz alltäglichen Situationen im Leben findet sie in der Bibel. Damit vertritt sie Einstellungen, die in der heutigen Zeit altmodisch klingen mögen, beweist aber mit ihrem eigenen Leben, dass es sich lohnt, gegen den Strom zu schwimmen!

Krista Gerloff, Jerusalem, Israel,
Mutter von fünf Kindern, Autorin und begeisterte Bibelleserin
Juni 2013

Einführung

„Wessen Sohn bist du, junger Mann?" (1.Samuel 17,58), fragte einst ein erleichterter König in Israel, nachdem ein unbekannter Jüngling mit einer einfachen Steinschleuder und einer Menge Mut und Gottvertrauen den Erzfeind Goliath besiegt hatte. Die gleiche Frage, nur dieses Mal an eine junge Frau gerichtet, hatte viele Jahre davor der Diener Abrahams gestellt, nachdem er bei der Suche nach einer Braut für den Sohn des Patriarchen am Wasserbrunnen der Stadt Nahors auf die anmutige und hilfsbereite Rebekka gestoßen war (1.Mose 24,23): „Wessen Tochter bist du? Sage es mir doch!" Und weiter: „Gibt es im Haus deines Vaters Platz für uns zu übernachten?"

In der jüdischen Kultur der Antike ließen gut geratene junge Menschen offensichtlich auf kompetente Eltern schließen. Dennoch waren diese Familien alles andere als frei von Problemen. Hinter diesen beiden biblischen Gestalten standen Mütter, die zeitweise, genau wie wir, guten Grund gehabt haben müssen, an ihren Erziehungsfähigkeiten zu zweifeln. Über den Isai-Clan aus Bethlehem, aus dem David stammte, erfahren wir von heftigen Spannungen unter den Brüdern (1.Samuel 17,28). Als Rebekka Isaak heiratete, brachte sie eine Familienkultur voller Intrigen und Hinterhältigkeit aus ihrer Herkunftsfamilie mit, die ihr Sohn Jakob wohl in vollen Zügen erbte (1.Mose 31). Und dennoch ging ein Segen von diesen Häusern aus, der offensichtlich eine viel tiefere Grundlage hatte als die der reibungslosen pädagogischen Abläufe. Das macht Mut!

Das vorliegende Buch ist daher der Versuch, diesem Segen etwas mehr auf die Spur zu kommen. Dabei wollen die Alltagsepisoden keineswegs ein fachmännischer Ratgeber zum Thema Kindererziehung sein. Sie sind ein ehrlicher Streifzug durch die verschiedenen Phasen des Mutterdaseins mit seinen vielen Herausforderungen und Chancen – von der Geburt bis zum Auszug der Kinder –, der Fragen zur Erziehung im Licht biblischer Wahrheiten reflektiert.

In meinen eigenen Aufgaben als Mutter, Pastorenfrau und Lehrerin erlebe ich täglich, welchen Spannungsfeldern heutige Eltern in einer Gesellschaft ausgesetzt sind, die das Thema Mutterschaft auf ein Nebengleis stellt und als Beschäftigung abwertet, die mit dem optimalen Lebensglück nicht vereinbar ist. Gleichzeitig fordert sie eine Fürsorge – so wird uns vermittelt –, die der Hilfe einer Heerschar von Fachleuten bedarf. Und selbst dann ist es noch reine Glückssache, ob man damit gut fährt oder nicht. Diesen Erziehungstrend möchte ich mit großer Überzeugung und Freude infrage stellen!

Mein Gebet ist, dass unsere Familien und Kirchen wieder Orte werden, in denen die jungen „Davids" und „Rebekkas" unserer Zeit von ihren Müttern, Vätern und Mentoren lernen, auf den Gott der Bibel zu setzen, und dadurch in ihrer Generation Trendsetter zum Guten werden. Orte, in denen „Reisende" unserer heutigen Welt, wie einst der Diener Abrahams, uns fragen: „Gibt es im Haus deines Vaters Platz für uns?" Orte, in denen unser Lebensvermächtnis nicht in Reichtum oder Ansehen besteht, sondern – wie bei unseren jüdischen Vorbildern – im Wesen der jungen Generation, die wir prägen durften.

Die vier kleinen Charaktere Deborah, Stefan, Daniel und Jessica, die immer wieder in diesem Buch vorkommen werden, sind inzwischen erwachsene Menschen. Die zwei ältesten sind verheiratet. Mein Dank gilt ihnen für ihre Bereitschaft, Anekdoten aus ihrer Kindheit „freizugeben", und meinem Mann, der diese Geschichten überhaupt erst möglich machte. Eine wunderbare Gemeinde lieferte mir den Beweis dafür, dass wir es gemeinsam zu viel mehr bringen, als wenn wir versuchen, als christliche Einzelkämpfer auf dem Feld der Kindererziehung zu bestehen.

Manche Namen habe ich geändert. Moni, Leonie, Gideon und Kerstin, Beatrice, Jane, Tim und Yannick, wie auch meine eigene Familie natürlich, gibt es aber in echt!

Nicola Vollkommer
Reutlingen
Juni 2013

1. Das große Gekrabbel

Glücksmomente

Ich preise dich darüber, dass ich auf eine erstaunliche, ausgezeichnete Weise gemacht bin.

PSALM 139,14

In der Kopfform wittert man die Konturen von Onkel Otto, der Schmollmund ist ohne Zweifel der von Oma Emilie, und in den langen Klavierfingern erkennt man ein Gen des musikalischen Vaters. Diese Szenen kennen wir alle gut. Selten finden wir vernünftige Erwachsene so vergnügt und außer sich vor Glück wie nach der Geburt eines Kindes. Als Unbeteiligte empfinden wir das ganze Treiben als albern – bis es uns selbst überrollt. Denn welches menschliche Ereignis ist so alltäglich, aber gleichzeitig so einzigartig, dass alle Betroffenen sich für kurze Zeit in einem rauschähnlichen Zustand befinden und sich so benehmen, als ob es eine Geburt noch nie gegeben hätte? Genau das ist der Hauch des Übernatürlichen an der Sache. Die Schöpfungsgeschichte mit ihrer phänomenalen Gewalt – in Kleinformat im Kreißsaal des örtlichen Krankenhauses, für ein paar unvergessliche Augenblicke direkt in deinen, meinen Alltag hineinimportiert.

Es dauert allerdings nicht lange, bis Oma Emilies süßer Schmollmund Milchflecken auf der feinen Bluse hinterlässt, Papas Klavierfinger schwarze Schuhcreme in den neuen Teppich reiben, und Onkel Ottos elegante Kopfform auf ganz schön doofe Gedanken kommt. Auch dieser Teil der Schöpfungsgeschichte bleibt uns nicht erspart. Evas Dickkopf. Adams Feigheit. Viel zu schnell verfliegt die anfängliche Euphorie, die Glückshormone tauschen den Platz mit Migränen.

Oder ist es doch möglich, Augenblicke dieser Geburtsmagie in der Hitze des Gefechts wieder einzufangen? Ist die Schöpfung eines kleinen Menschen, an der wir Mütter teilhaben dürfen, weniger wundersam geworden, nur weil dieser kleine Mensch Zähne bekommt und ununterbrochen schreit?

Dort, wo Gefühle keine Tragkraft mehr besitzen, bleibt uns trotzdem – wenn wir es so wollen – die Macht guter Gewohnheiten erhalten. Kleine Rituale, die auch ohne Glückshormone funktionieren. Die richtige Gestik kann unter Umständen die „richtigen" Gefühle wieder in die Gänge bringen.

Wenn ich zum Beispiel:

- √ alles fallen lasse und mein Kind in den Arm nehme, wenn es vom Sportnachmittag oder vom Kindergeburtstag nach Hause kommt. Egal, wie dreckig und schlecht gelaunt es ist.
- √ mein Kind – auch ohne konkreten Anlass – mit lieben Worten begrüße, sobald es morgens schläfrig im Bad erscheint, und es mit einem Ich-liebe-dich verabschiede, wenn es seinen Schulranzen schnappt und zur Haustür hinausgeht.
- √ mich bewusst auf ein Grundmaß von Chaos in meinem Leben einstelle und diese Aussicht als abenteuerlich und interessant vermerke.
- √ diese unaufwendigen Gewohnheiten gerade dann beachte, wenn ich schon wieder über Legosteine und Wäsche stolpere, die unaufgeräumt auf der Treppe liegen.

Nicht ohne Grund wurde das jüdische Volk dazu angehalten, die Taten des Herrn nicht zu vergessen. Die Befreiung aus der Sklaverei Ägyptens wurde für alle Zeiten in der Liturgie des Passahmahls festgehalten. Die Erinnerung an Gottes Einbrüche in die Biografie seines Volkes war zu jeder Zeit präsent. Die Worte „und vergiss nicht all seine Wohltaten!" (Psalm 103,2) hallen wie ein immer wiederkehrender Refrain in den Kapiteln der Schriften wider, immer mit der Aufforderung verknüpft, der jungen Generation davon zu erzählen.

Gott weiß nur zu gut, wie vergesslich wir sind und wie leichtfertig wir uns an den Segen Gottes gewöhnen oder ihn gar als Last empfinden. Immer noch stöhnt der Adam in uns, „Herr, es war die Frau, die du mir gegeben hast" oder, übertragen auf unsere Familiensituationen: „… die Kinder, die du mir gegeben hast."

In Gottes Schule lernen wir aber fortwährend, die Dinge als Geschenk wahrzunehmen, die sich nicht immer wie ein Geschenk anfühlen. Menschen als Geschenke zu behandeln, die sich nicht wie Geschenke verhalten. Das Glück der ersten Tage festzuhalten.

Ein Vater in der Bibel hat es uns vorgemacht. Er „fiel ihm (seinem Sohn) um den Hals" (Lukas 15,20), überglücklich und erleichtert – nachdem dieser ihm eine regelrechte Odyssee des Leidens zugemutet hatte. Es dauerte nicht lang, bis der heruntergekommene Junge, der in die Arme eines sehnsüchtigen Vaters geschlossen wurde, sich wieder wie ein Geschenk verhielt.

Dieser Vater hatte die ersten Augenblicke seines Elternglücks offensichtlich nicht vergessen, und wurde zum Symbol für jenen Vater aller Väter, „von dem jede Vaterschaft im Himmel und auf Erden benannt wird" (Epheser 3,14) und der jedes Kind „auf eine erstaunliche und ausgezeichnete Weise" geschaffen hat!

Zum Nachdenken:

- *Welche Gefühle hatte ich, als ich jedes meiner Kinder zum ersten Mal im Arm hielt? Am besten gleich aufschreiben!*
- *Welche Möglichkeiten habe ich am heutigen Tag, meinen Kindern von diesen Gefühlen zu erzählen?*

Abschied von einer Illusion

Auch der Vogel hat ein Haus gefunden und die Schwalbe ein Nest für sich, wo sie ihre Jungen hingelegt hat – deine Altäre, Herr der Heerscharen, mein König und mein Gott!
PSALM 84,4

Die Glasscheibe, die mich von dem Handvoll Mensch auf dem weißen Verbandmull trennte, kam mir wie eine dicke Betonwand vor. Anfassen durfte man, aber nur mit sterilisierten Händen. Was heißt anfassen. Viel zum Anfassen gab es nicht. Unter dem Gewirr von Kabeln und Schläuchen verriet nur das leise Zittern einer winzigen Fläche roter durchsichtiger Haut, dass da etwas lebte.

Im Vorfeld hatte ich mir viele Gedanken über das Muttersein gemacht – vor allem darüber, wie ich *nicht* sein wollte. Auf keinen Fall die klassische Schmusemama, die auf heißen Kohlen sitzt und beim kleinsten Pieps aus dem Kinderwagen in Aufregung gerät. Besonnen und nüchtern wollte ich sein. Konsequent, mit einem Mix aus Strenge und Kuschelfaktor, ja kein ständiges Geplapper über Windeln und Milchzähne. Goethe und Zeitromane müssten doch auch mit Wickelkommoden vereinbar sein.

Und jetzt saß ich am Brutkasten und jede Zelle meines Wesens hing an diesem 1 Kilo leichten Haufen Leben auf der anderen Seite der Glasscheibe. Ich schlief nachts mit dem Gebet ein, dass sie doch bis zum nächsten Tag leben würde. Ich wachte morgens mit der dumpfen Angst im Herzen auf, dass ich auf die Intensivstation gehen würde, und sie wäre nicht mehr da. Dem Baby neben ihr waren die Versorgungskabel ausgeschaltet worden, und ich hatte das Schluchzen gehört, als den Eltern die schlechte Nachricht offenbart wurde.

Irrationale Leidenschaften stiegen in mir hoch, von denen ich nie geahnt hatte, dass ich sie besaß. Den Satz „ihr Zustand ist stabil", konnte ich nicht mehr hören. Das sagten die Ärzte doch immer, wenn sie sich nicht festlegen wollten.

Unsere Einführung in die Welt der Elternschaft war eine Bauchlandung mit Schockeffekt. Ein Schweigen aus dem Bekanntenkreis deutete auf Ratlosigkeit. Glückwünsche oder Beileid? Lieber abwarten. „Deborah" nannte wir sie, wie im Falle eines Mädchens schon geplant. „Nicole" – „die Überwinderin" – als zweiter Name. Zynismus oder Glaube? Wusste ich nicht. Mein Mann Helmut hatte keinen Augenblick daran gezweifelt, dass das Kind leben würde und dokumentierte mit seiner Kamera die ersten zerbrechlichen Tage. Später würden wir diese Fotos schätzen, meinte er. Er las ihr stundenlang Psalmen vor, während er ihre winzigen Fingerchen durch das Loch des Brutkastens hindurch streichelte.

Die Vorgaben der Erziehungsbücher, die wir als Eltern im Wartestand studiert hatten, trieben mir durch den Kopf. Körpernähe nach der Geburt: ein Muss. Die Tragetücher waren im Trend. Vollstillen war das Gebot der Stunde. Unverzichtbare Schritte auf dem Weg zum rundum ausgeglichenen Kind. Bei uns waren nun schon alle guten Anfangsbedingungen verpatzt, bevor es überhaupt losgegangen war.

Am dritten Abend nach Deborahs Ankunft blätterte ich halbherzig in den Psalmen auf der Suche nach einem Funken Trost. Gott ein Versprechen abzuringen, dass mein Kind gesund sein würde, kam mir vermessen vor. Die Eltern neben uns hatten ihr Baby verloren. Auch sie hatten nach Hilfe geschrien. Warum sollte Gott uns bevorzugen? Meine Augen stolperten über den 84. Psalm.

„Auch der Vogel hat ein Haus gefunden und die Schwalbe ein Nest für sich, wo sie ihre Jungen hingelegt hat – deine Altäre, Herr der Heerscharen, mein König und mein Gott!" (Vers 4).

Die Altäre – Ort des Blutvergießens. Seltsam. Ausgerechnet dort bauen die Vögel ihre Nester. Ich blieb bei diesem Gedanken hängen und schrieb neben den Vers: „Der Ort des Opfers ist der Ort der Sicherheit" und „Gottvertrauen von den Vögeln lernen". Ein neues Bild ging mir kurz und flüchtig durch den Kopf. Meine Tochter, befreit von Geräten und Kabeln und vom Beatmungsschlauch, friedlich schlafend in der Hand Gottes, während er sich über sie beugte und sanft auf ihr winziges Gesicht blies.

Mir wurde schmerzhaft klar, dass das Kind seins, nicht meins, war. Mir ausgeliehen – für wie lange, das hatte er zu entscheiden. Der Ort des Opfers. Dort löst sich die Trennwand zwischen Zeit und Ewigkeit auf, und der Himmel bricht ein. Ich schlief ein und träumte von Engeln.

Am nächsten Tag schleppte ich mich drei Stockwerke hoch zur Intensivstation. Ängstlich, aber gefasst. „Unser" Brutkasten stand nicht am üblichen Platz. Mein Herz raste. Jetzt war es so weit: Wir waren an der Reihe. Oder doch nicht? Die Schwester deutete grinsend auf einen Brutkasten weiter unten im Saal. Keine piepsenden Maschinen, kein Beatmungsgerät. Deborah lag auf ihrem Bauch, wie zusammengerollt, ein rosa Strickjäckchen bedeckte sie bis über die Füße, die winzige Windel bis zu ihrem Kinn. Wie eine kleine Schildkröte, dachte ich. Sie streckte ein Bein nach hinten und öffnete ein Auge. Zum ersten Mal begrüßte ich sie mit ihrem Spitznamen: „Debbie".

Manchmal wird das Leben zurückgeschenkt. Manchmal nicht.

Der Abschied von Träumen und Hoffnungen muss nicht immer so dramatisch sein. Bauchlandungen gibt es in vielen Variationen und selten bleibt ein Elternpaar von ihnen ganz verschont. Man stellt sich voller Freude auf den kleinen Wonneproppen ein und bekommt stattdessen einen Schreihals mit Dauerblähungen. Man wollte unbedingt ein Mädchen – ein fünfter Sohn wird einem in die Arme gelegt. Man sehnte sich nach der Heimkehr vom Krankenhaus – das Baby muss auf die Intensivstation, weil die Herztöne nicht stimmen. Allesamt kleine Erinnerungen daran, dass unsere Kinder nach Gottes Ebenbild und nicht nur nach unserem geschaffen sind. Genau so, wie er sie haben wollte. Nicht, wie unsere Fantasie es vorschreibt. Wichtig ist, dass wir es so machen wie die Vögel: unser Nest in der Nähe seiner Altäre bauen. Denn dort sind unsere Kinder in Sicherheit. Nicht was für ein Kind ich bekomme, entscheidet über seine und meine Zukunft, sondern wem ich es anvertraue.

Zum Nachdenken:

- *Hadere ich insgeheim damit, dass mein Kind nicht so ist, wie ich es haben wollte?*
- *Was könnte Gott mir dadurch sagen wollen?*

Powerpaket für moderne Mütter

Gebt ihr von der Frucht ihrer Hände.
SPRÜCHE 31,31

Wer zu viel auf moderne Meinungsmacher hört, kann zum Ergebnis kommen, dass Muttersein eine Zumutung ist, die die schlanke Linie ramponiert, freie Abende sabotiert und die wüstesten aller Körpernarben hinterlässt: Schwangerschaftsstreifen.

Zugegeben: Eine Mutter zu belehren, dass Mutterschaft das höchste Glück ist – während ihr kleiner Schreihals laut brüllend eine Schneise der Verwüstung durch die Wohnung zieht –, das ist eine Zumutung.

Trotzdem lässt mich der weitläufig verpönte Dreierpack „Kinder, Küche, Kirche", der in der Vorstellung des modernen Menschen grauenvolle Gespenster der mittelalterlichen Versklavung heraufbeschwört, nicht mehr los. Nehmen wir uns die drei Ks einmal vor – und zwar aus einem positiven Blickwinkel heraus.

K wie Kinder: Die offensichtliche Tatsache, dass eine Gesellschaft ohne Kinder nicht überlebensfähig ist und eine Kultur, in der Elternschaft wenig gefördert wird, ihren eigenen Untergang vorprogrammiert, ist für manche schwer zu begreifen. Es gibt jedoch über die Erhaltung der Spezies Mensch hinaus weitere Gründe, die für das Kinderkriegen sprechen:

Wenn es eine Kraft gibt, die den Bann der Selbstsucht im Leben eines Menschen brechen kann, ist es ein Kind. Denn der moderne Kult der Ich-Entfaltung ist in der Tat ein Fluch. Das Streben nach der Optimierung der eigenen Lebensqualität war noch nie der Schlüssel zum Glück. Wahres Glück entgeht dem, der es um seinetwillen sucht. Es ist nur als Nebenprodukt eines höheren Ziels erreichbar. Und nichts lenkt uns mehr von der Besessenheit mit unserem eigenen Ich ab als die Rund-um-die-Uhr-Anwesenheit von kleinen Wesen, die von alleine nie auf den Gedanken kommen, von sich aus ihre Spielautos in den Schrank zu räumen oder ihre Zähne zu putzen. Eigentlich sollten wir dankbarer sein. Wer kein eigenes hat, soll sich zu den Kindern anderer Zugang verschaffen. Kinder haben eine anmutige Art, uns von uns selber abzulenken und, wenn wir es wollen, aus uns bodenständige, zumutbare Menschen zu machen.

Und für diejenigen, die ihr Umfeld positiv beeinflussen wollen, sind Kinder Türöffner par excellence. Wer ein Kind hat, kommt immer und überall ins Gespräch.

K wie Küche: Nicht die Ketten am Herd, sondern die unzähligen Tischrunden, bei denen Jesus hungrigen Herzen und lauschenden Ohren seine Vision vom Reich Gottes erzählte. Die Feste, an denen soziale Außenseiter in seiner Nähe Heimat fanden, Sünder Vergebung und Gelehrte Unterweisung bekamen. Die Brotvermehrung am Berg der Seligpreisungen. Die Aufforderung an die Eltern des vom Tode erweckten Mädchens: „Gebt Ihr was zu essen!" Gott mit einer Schürze um die Hüfte, einer Wasserschüssel in der Hand. Das Passahmahl kurz vor der Kreuzigung mit seinen unvergesslichen Worten: „Ich habe mich danach gesehnt, dieses Mahl mit euch zu feiern." Das Grillfrühstück am Seeufer nach der Auferstehung.

Verdummung? Unterdrückung menschlichen Potenzials? Weit gefehlt! Hier am Küchentisch Gottes musste man nicht erst etwas beweisen, nicht erst gut „ankommen". Hier war man schon angekommen, hier war das Leben in seiner erfüllendsten Form, verkörpert in der Person Jesu Christi. Hier wird Individualität nicht gedämpft und Weiblichkeit nicht gönnerhaft belächelt. Sondern Menschen – auch und gerade Frauen – blühen auf und werden frei und wirksam.

Hier finden sowohl Männer als auch Frauen ihre wichtigste Identität, und zwar die, „in Christus" gefunden zu werden. Von Christus bedingungslos geliebt, durch ihn belebt und befähigt. Die ersten, die vom Leben und Wirken einer 3-K-Mutter profitieren, werden ihre Kinder sein. Die „Frucht ihrer Hände" wird sich sehen lassen können.

„The hand that rocks the cradle is the hand that rules the world" („Die Hand, die die Wiege schaukelt, ist die Hand, die die Welt regiert"), schrieb einst der Dichter William Ross Wallace. Keine sentimentale Floskel aus einer verjährten Heimatidylle, sondern brandaktuelle Realität.

K wie Kirche: Im schlimmsten Fall unbequeme Kirchenbänke, blutleere Predigten, harmlose Kinderstunden mit Requisiten aus den Fünfzigern, alles etwas muffig. Zeitvertreib für weltfremde Traditionshüter. Im besten Fall und in ihrer nobelsten Form: Kirche als Wiege der Kreativität und der schöpferischen Innovation. Namen wie Bach, Händel und Paul Gerhardt kommen einem in den Sinn. Inspiration für gesellschaftliche Reform – Martin Luther, Elisabeth von Thüringen. Kirche, die für Gespräche sorgt, eine ganze Gesellschaft auf den Kopf stellt. Von wegen irrelevant. Kirche als Ort, an dem Menschen über sich selber hinauswachsen und zu Helden werden. Wer ist besser in der Lage, dazu etwas beizutragen, als Mütter?

Zum Nachdenken:

- *Muss ich meine Sicht der Begriffe „Kinder, Küche, Kirche" revidieren?*
- *Habe ich Jesus eingeladen, der Gastgeber an meinem Küchentisch zu sein und ihn zu einem Ort der Freude und der positiven Lebensgestaltung zu machen?*

Die Schlecktüte

Doch wenn du willig auf seine Stimme hörst und wenn du alles tust, was ich sage, dann werde ich Feind deiner Feinde sein und deine Bedränger bedrängen.

2. Mose 23,22

„Ja, wir besuchen den englischen Opa. Ja, mit dem Flugzeug."
Debbies Augen leuchteten auf.
„Und Baby Stefan?"
„Der kommt natürlich mit."
Ihre Augen schauten wieder ernst drein. Meine auch.
Eineinviertel Stunden im Flieger, eingesperrt mit einem kleinen Wirbelwind: Wenn das nicht der ultimative Test für elterliche Nerven war! Nicht weil Kinder sich in einem Flieger schlechter als sonst benehmen, sondern weil es dort keinen Fluchtweg gibt, dafür ein aufmerksames Publikum. Allein der Gedanke daran löste in mir eine beklemmende Platzangst aus. Wie machen es bloß Eltern, die zwölf Stunden fliegen müssen? Im Vergleich dazu war ein Flug nach England ein Zuckerschlecken.

Das Ganze wurde erst mit Stefans Ankunft ein Problem. Debbie war von Anfang an leicht zu parken. Man setzte sie hin, drehte sich für ein paar Sekunden um, und fand sie nachher an exakt der gleichen Stelle wieder. Außerdem hörte man immer, wo sie war. Denn sie kommentierte ihre Umgebung lautstark und ununterbrochen. Schwer zu orten – auch aus der Entfernung – war sie also nicht.

Nicht so Stefan. Egal wo der Kerl hingesetzt wurde, in einem Bruchteil von einer Sekunde war er weg. Er robbte jede Fläche entlang, über jedes Hindernis, um jede Kurve herum, nicht nur in einer rekordverdächtigen Geschwindigkeit, sondern auch in die kleinsten Löcher und Winkel hinein. Ihn auch in normalen Umständen zu bewachen, war ein schweißtreibendes Geschäft.

Eine Freundin tröstete mich: „Ganz verlieren kannst du ihn im Flieger nicht."

„Aber beinahe", erwiderte ich.

„Halte ihn doch an einer Hundeleine", schlug mein Mann hilfreich vor.

Das war mir auch eingefallen. Später, mit vier Kindern, dachte ich öfter daran. Ich stellte mir aber die empörten Blicke mancher alten Tanten vor und entschied mich dagegen.

Nur im äußersten Notfall brachte ich die Schlecktüte auf den Plan. Es gab Zeiten, in denen nichts schiefgehen durfte, und diese war eine davon. Sohnemann musste still sitzen, ohne zu schreien. Ungerne erinnerte ich mich an die Flüge meiner Jugend, in denen ich über brüllende Kinder und über „die Eltern von heute", die „keine Ahnung haben", geschimpft hatte. Und natürlich hinzufügte: „Wenn ich mal Kinder habe…"

Die Rache für meinen jugendlichen Idealismus hatte mich nun heimgesucht.

Die „Schlecktüte" war eher eine symbolische Bezeichnung für eine Tüte, die viel mehr enthielt als nur Süßigkeiten. Wichtigste Zutat trotzdem: Gummibärchen. In kleinen Päckchen. Damit waren etwa zwei 5-Minuten-Blocks aus den 75 Minuten Flugzeit gesichert. Das Tierbuch, Tiergeräusche machen – zwei Minuten. Ein Hubschrauber zum Aufziehen hielt ihn zwei Minuten lang still. Kran und Auto, das ging auch im Sitzen, einige Sekunden lang. Vielleicht doch eine dritte Packung Gummibärchen einplanen. Das Wort „Gummibärchen" wirkte Wunder, es war das erste Wort, das mein Sohn verstand. Den Sicherheitsgurt an- und abschnallen und dann eine Weile daran lutschen: Das würde ihn eine Minute lang beschäftigen.

Salzstangen zum Kauen als Abwechslung. Eine Tüte, um Krümel und ausgespuckte Teile aufzufangen. O weh, dann wäre doch zu hoffen, dass er zwischendrin aus Versehen einschläft.

Wenn wir früh genug am Flughafen ankämen und ich ihn bis zur Erschöpfung frei durch die Wartehalle hin- und herrobben ließe, dann könnte er mit etwas Glück im Flieger einnicken. Dreckig, aber wenigstens müde.

Nicht nur für Notfälle wie Flüge hatte ich die Schlecktüte immer im Gepäck, sondern auch für die Augenblicke, in denen ich mit braven Kindern unbedingt beeindrucken, oder einfach, ganz egoistisch, meine Ruhe haben wollte. Ein Päckchen Gummibärchen als Belohnung für fünf Minuten Stille oder als Pfand im Voraus für vorbildliches Benehmen, wenn „wichtige" Leute zu Besuch waren. Der Anreiz lag im Seltenheitswert. Vorschnell zu solchen Tricks zu greifen, macht diese inflationär und wirkungslos.

Gottes „Schlecktüten" werden in der Bibel „Belohnungen" genannt, sind aber etwas Ähnliches. Manch eine Erziehungstaktik Gottes beginnt mit den Worten „Wenn ihr ... dann werde ich". „Wenn du willig auf die Stimme des Herrn hörst und tust, was in seinen Augen recht ist, [...] dann werde ich dir keine der Krankheiten auferlegen [...]" (2. Mose 15,26). „Siehe, ich lege euch heute [...] den Segen vor, wenn ihr den Geboten des Herrn, eures Gottes gehorcht [...]" (5. Mose 11,26). „Wer mir nachfolgt, wird nicht in der Finsternis wandeln [...]" (Johannes 8,12).

Ob er seine Ruhe haben will? Oder will er gut erzogene Kinder vorzeigen? Oder ist er – anders als wir Eltern – um das langfristige Wohlergehen seiner Kinder anstatt um sein eigenes Image besorgt?

Seitdem ich Kinder habe, werde ich beim Bibellesen besonders aufmerksam, wenn Gott seine Verheißungen auspackt und die Bedingungen dazu erläutert. Weil ich weiß, dass er nur mein Bestes im Sinne hat. Und weil ich will, dass er „Feind meiner Feinde" wird. Auch für meine Kinder.

Zum Nachdenken:

- *Welche Verheißungen aus Gottes „Schlecktüte" haben mein Leben bisher positiv verändert?*
- *In welchen Bereichen meines Lebens wäre es gut, seine Bedingungen ernster zu nehmen?*

Ein Erbe, das es in sich hat

Siehe, ein Erbe vom Herrn sind Söhne, eine Belohnung die Leibesfrucht.

Psalm 127,3

Meine Tochter mit ihren dreieinhalb Jahren balancierte auf der Bremse des Kinderwagens, mein 20-monatiger Sohn hockte auf dem Vorderteil, Baby Daniel lag drin, und ich durfte schieben. Es war unsere erste Spazierfahrt mit dem neuen Erdenbürger. Die zwei älteren Erdenbürger wollten nicht laufen – zum Glück waren die Räder für alle drei stabil genug. Ich schwelgte in der Euphorie, plötzlich als Mutter einer Großfamilie unterwegs zu sein, hätte vor lauter Glück Bäume ausreißen können. Es war, als ob Gott mir nicht nur drei kleine Kinder, sondern die ganze Welt anvertraut hätte. Den verwunderten Blicken, die mir zugeworfen wurden – mal kopfschüttelnd, mal mit hochgezogenen Augenbrauen, mal ein zweiter Blick nach hinten geworfen – entgegnete ich mit einem breiten Grinsen. Auf jeden Fall war ich ein Phänomen. Der Versuchung, dem einen oder anderen Passanten zuzurufen: „Guck nicht so blöd, hier rollt deine Rentenversicherung vorbei!", widerstand ich tapfer.

Es ist eins der seltsamsten Paradoxa unserer Zeit. Je mehr Luxusautos wir fahren, je exotischere Urlaube wir uns leisten, desto weniger Kinder bringen wir auf die Welt. In deutschen Haushalten leben bald mehr Katzen als Kinder. Kinder seien ein Kostenfaktor, heißt es. Schon der erste Gang in den Kreißsaal läutet den sozialen Abstieg ein, mit Nummer drei winkt schon die Armutsgrenze.

Welche Armutsgrenze eigentlich? Neulich fiel meine Kinnlade herunter, als eine Mutter mit Tränen in den Augen und einer Tochter am Rockzipfel vor laufender Kamera klagte, dass sie gerade noch mit Mühe und Not einen „billigen" Adventskalender für ihre Tochter kaufen konnte. Besagter Adventskalender kostete ganze 25 Euro. Im Hintergrund sah man einen XXL-Flachbildschirm, mitten im Gespräch klingelte ein Handy. Das Wohnzimmer war mit nagelneuen Ikea-Möbeln ausgestattet. „Ihre Armut hätte ich gerne", dachte ich.

Ist es Armut, wenn man sich keine Markenhose leisten kann? Oder wenn man nur auf dem Bauernhof Ferien macht? Früher war man arm, wenn man keine Hose hatte. Das Wort „Urlaub" kannte man nicht. Bin ich arm, wenn ich mir nur eine gebrauchte Babyausstattung leisten kann, anstatt alles neu zu kaufen? Es ist zu bezweifeln, ob der junge Aufsteiger, der mit einem Achselzucken den teuersten BMW an Land zieht, wirklich „reicher" ist als sein Großvater, dessen erster VW-Käfer in der Familie eine Ekstase auslöste.

Klar, dass Kinder in dieser neuen „Moral der hohen Ansprüche" keinen Platz haben.

Denn mit unserer Fähigkeit, dankbar zu sein, haben wir vermutlich auch unsere emotionale Belastbarkeit an den Nagel gehängt. Heute reichen schon eine Flugverspätung und Schimmel in der Dusche, um eine Urlaubspsychose auszulösen. Früher hieß Leid: Der Sohn, der nicht aus dem Krieg zurückkommt. Die ausbleibende Kartoffelernte, die bedrohende Hungersnot. Dass wir, die wir zu den wenigen Menschen auf diesem Planet gehören, die jeden neuen Tag mit einem gefüllten Bauch und geheizter Wohnung begrüßen, das große Los gezogen haben, scheint uns nicht glücklicher, sondern unglücklicher zu machen. Eigentlich sollten wir jeden Tag voller Freude und Erleichterung aus dem Bett hüpfen.

Das Rad zurückdrehen und um die nackte Existenz ringen, das will ich nicht. Das muss ich auch nicht wollen. Aber einen Grundton tiefer Dankbarkeit in meinem Alltag, den will ich auf jeden Fall. Unzufriedenheit kommt von alleine. Dankbarkeit muss geübt werden.

Mein dreifaches „Erbe vom Herrn" quengelt und will nach Hause. Nachdenklich schiebe ich den Kinderwagen. Was hat mich in meinem Leben reich gemacht? Die Fähigkeit, Freude zu empfinden und zu genießen – auch und gerade in den Kleinigkeiten des Alltags, wie bei einem Spaziergang. Das Privileg, zu lieben und geliebt zu werden. Drei kleine Menschen, deren Schicksal ich mitgestalten darf.

Zum Nachdenken:

- *Inwiefern habe ich Ansprüche in meinem Leben, die mich nicht reich, sondern arm machen?*
- *Kann ich meine Kinder als Gottes „Erbe" und „Belohnung" sehen?*

Gottes Unikate

Meine Urform sahen deine Augen. Und in dein Buch waren sie alle eingeschrieben, die Tage, die gebildet wurden, als noch keiner von ihnen da war.

PSALM 139,16

Bevor ich abends ins Bett ging, verbrachte ich ein paar Momente neben dem Bett jedes Kindes. Als sie noch Babys waren, nahm ich sie auf den Arm und genoss das Gefühl eines schlaffen, schweren, schlafenden Kindes an meiner Schulter und den weichen, warmen Flaum eines Babykopfes an meinem Gesicht. Meinen großen Kindern streichelte ich über den Kopf und deckte sie zu, falls die Decke verrutscht war. Bei jedem Kind dachte ich kurz an den Augenblick zurück, in dem ich es zum ersten Mal im Arm hielt und daran, wie wichtig es ist, Freude sorgfältig zu bewahren und zu pflegen.

Die Einzigartigkeit einer Geburt bleibt ein trotziges Signal Gottes gegen eine Menschheit, die gerne selber festlegen will, was als normal gilt, und jede Abweichung von dieser Norm gerne wegtherapiert. Kein Wunder, dass wir Eltern im nervenaufreibenden Wettkampf um das perfekt angepasste Kind bei der kleinsten Auffälligkeit in Panik geraten. Unser Nachwuchs soll auf alle Fälle bestens ausgerüstet sein, gesellschafts- und wirtschaftsrelevant zu werden.

Wie erfrischend ist es da, einem Schöpfer zu begegnen, der für Massenanfertigung nichts übrig hat, und dem daran gelegen ist, Unikate zu feiern und Einzigartigkeit hochleben zu lassen! Gott nannte uns beim Namen, er rief nicht unsere Nummer aus. Er machte uns zu Vätern und Müttern, nicht zu „Eltern I und II". Bedingungslose Liebe stellte er uns in Aussicht, nicht einen leistungsabhängigen Bonus. Unsere Kinder dürfen spüren, dass sie wertvoll sind, weil Gott sie geschaffen hat, nicht, weil sie etwas vorzuzeigen haben. Unter diesen Voraussetzungen erweist sich jede fieberhafte Anpassung an die Forderungen der Welt als überflüssig.

Nur mein Mann und ich konnten genau diese Kinder mit ihren

sonderbaren Zusammensetzungen von Eigenarten auf die Welt bringen. Jedes in exklusiver Ausfertigung, Gottes Qualitätssiegel auf unserem Leben. Wenn wir uns den sich wandelnden Werten dieser Welt anpassen, verlieren wir unsere Individualität. Wenn wir uns von der Liebe Gottes erwärmen lassen, gewinnen wir unsere Individualität. Deswegen stolz zu werden, kommt gar nicht infrage. Ganz im Gegenteil: Sich seiner Einzigartigkeit bewusst zu werden, erweckt im ehrlichen Christen eine tiefe Ehrfurcht. Denn sie ist geschenkt, und nicht verdient. Gerade weil wir uns Christus ausgeliefert haben und einer Kraft begegnet sind, die „Gnade" heißt. Ausstrahlung wird dann authentisch, wenn sie von reflektierter Herrlichkeit lebt, ausgeliehen von Gott. Selbsterzeugtes Charisma wird über kurz oder lang fad. Der Wiedererkennungswert, der gesucht wird, schlägt sich ins Gegenteil um.

Auserwählt, einzigartig, geliebt. Der Apostel Paulus ermahnt uns, dass Geliebte auch Gesandte sind. „Seid nicht gleichförmig dieser Welt", fordert er uns auf, „sondern werdet verwandelt durch die Erneuerung des Sinnes." (Römer 12,2). Es folgt eine Liste von Verhaltensweisen, die dieser Besinnung entspringen, etwa: „Verabscheut das Böse ... seid herzlich ... brennend im Geist ... dienend, freut euch, harrt aus, haltet an, nach Gastfreundschaft trachtet, segnet ..." (Verse 9-21).

Beglückt und erfüllt von der Gegenwart Gottes, folgen wir nicht mehr den Trends dieser Welt, sondern dürfen selbst zu Trendsettern werden: Wir erzählen anderen Menschen – allen voran unseren eigenen Kindern –, wie einzigartig geschaffen und unendlich geliebt sie sind, und halten sie dazu an, die Wege Gottes zu gehen.

Zum Nachdenken:

- *Habe ich für mein eigenes Leben erkannt, wie unendlich geliebt und wie einzigartig ich gemacht bin?*
- *Was bedeutet diese Erkenntnis für meine Wirkung auf meine Umgebung?*

Eltern – *Erzieher der Spitzenklasse*

Der Herr gibt Weisheit [...]. Besonnenheit wacht über dir, Verständnis wird dich behüten [...]. Denn die Aufrichtigen bewohnen das Land.
SPRÜCHE 2,6.11.21

Sie hätten mit dem Werbefoto jedes Modeprospekts mithalten können: strahlende Mütter mit makelloser Haut, leuchtenden Augen, einer durchtrainierten Figur; die fröhliche Kinderschar um sie herum, die kaum jünger aussah als die Mutter selbst; der treusorgende, sauber rasierte Ehemann, der im Hintergrund lieblich lächelte. Ich musste tief seufzen, wann immer ich in einer Buchhandlung das Panorama der Schriften zum Thema „Familie" vor mir sah. Diese idyllische Gruppe gab es in allen Varianten: auf Fahrrädern durch die Wälder schwebend, vor einer Picknickkulisse am See; mit strahlenden Augen am Kamin, während Papa Geschichten vorliest. Nie dabei in dieser Liga der Supermuttis mit ihren perfekt gestylten Designerkindern: eine Rotznase oder ein zeterndes Baby.

Es gab ein Buch mit Tipps, wie ich das sportliche Potenzial meiner Kinder wecken könnte, ein anderes darüber, wie ich musikalische Begabungen entdecken könnte, und wieder ein anderes, wie ich Entwicklungsstörungen rechtzeitig therapieren lassen könnte. Bildung muss früh ansetzen, las ich, damit das Kind in einer von Konkurrenz getriebenen Gesellschaft mithalten kann.

Und dann die fromme Variante: Kinder müssen stabile Persönlichkeiten werden, kleine Helden des Glaubens. Der Aufwand, der dazu nötig war, war überdimensional. Seminare, Bücher und Wochenendangebote wucherten. Manche Fachleute rieten zu klaren Grenzen und geregelten Tagesabläufen, andere zur Lass-die-Kinder-so-sein-wie-sie-sind-Taktik. Wieder andere warnten davor, den Erziehungsstil auf halber Strecke zu wechseln. Zu locker? Fehlanzeige. Zu streng? Erneute Fehlanzeige. Posttraumatisches dies und jenes lauerte hinter jeder Ecke der Kinderstube, und auf keinen Fall durfte die Mutter angespannt und müde sein, denn auch das würde sich negativ auf das Kind auswirken.

Mein schlimmster Gegner in diesem Kampf um den optimalen Werdegang meiner Kinder war das Leben selbst. Für den Krebstod einer geliebten Oma schien es keine Vorsorge zu geben, auch nicht für die Anforderungen von Papas Beruf, der auch abends seine letzten Kräfte beanspruchte. Auch finanzielle Knappheit, die manch einen hoch gepriesenen pädagogischen Rat von vornherein untragbar macht, wurde nicht berücksichtigt. Alltag eben.

Ich traf eine waghalsige Entscheidung. Ich legte alle Erziehungsbücher beiseite.

Ein Buch blieb übrig. Die Bibel. Ich stürzte mich in die Biographien von Männern und Frauen, die unbeschreiblichen Widrigkeiten mutig ins Gesicht blickten und erhobenen Hauptes aus ihren Krisen herauskamen. Auch sie hatten Kinder. Dort fand ich mich wieder. Und ich entdeckte ein einfaches Wertesystem aus einer Zeit, in der es den Begriff „Pädagogik" noch nicht gab. Dieses System ging von Gott selber aus: Vaterschaft vorgelebt von einem, der weiß, wie man mit schwer erziehbaren Geschöpfen umgeht.

Ich erfuhr, dass Probleme nicht immer lösbar sein müssen. Jesu Lebensanfänge hätten ungünstiger nicht sein können. Seine Zeit auf dieser Erde war durchdrungen von Schmerz. Sie fing in einer unhygienischen Scheune an und endete mit einer Hinrichtung. Am festen Gottesvertrauen seiner Eltern lernte er, was langfristig zählt. Der Sohn, der in seiner schwersten Stunde durch zusammengebissene Zähne die Worte „dein Wille geschehe" stieß, hatte eine Mutter, die 33 Jahre zuvor – auch in einer Grenzsituation – die Worte „es geschehe mir nach deinem Wort" gebetet hatte. Haltungen, nicht Handlungen, prägen am meisten.

Was bedeutet das für unsere Kinder?

Dass sie etwa erleben dürfen, wie ihr Vater mit Geduld und Gottesvertrauen einen finanziellen Engpass durchsteht? Wichtiger vielleicht als die Förderung der Feinmotorik? Dass ihre Mutter sich für eine Geschichte Zeit nimmt? Wichtiger vielleicht als das coole Motto und die teuren Accessoires für den Kindergeburtstag? Wie

Vater und Mutter zärtlich und rücksichtsvoll miteinander umgehen, auch wenn sie müde sind?

Es geht nicht darum, dass Kinder viel wissen und viel können. Es geht darum, dass sie mit Gottes Hilfe lernen, mit dem Leben klarzukommen, so wie es wirklich ist, auch mit seinen Enttäuschungen und Rückschlägen. Weisheit, Besonnenheit und Verständnis waren die Schlagwörter des weisen Königs, der die Sprüche verfasste.

Die gute Nachricht: Man muss dazu kein pädagogischer Experte sein. Man muss es nur selber vorleben. Niemand ist dafür besser geeignet als Sie.

Zum Nachdenken:

- *Welche biblischen Helden sind für mich Vorbilder, wenn es darum geht, wichtige Werte vorzuleben?*
- *Wo habe ich mich von gesellschaftlichen Ansprüchen, wie Kindererziehung aussehen soll, einschüchtern lassen?*

2. Spaß mit Kleinkindern

Der Bastelabend

Wo du bleibst, da bleibe auch ich. Dein Volk ist mein Volk.
RUTH 1,16

Kinder in einer fremden Kultur großzuziehen, ist spannend. An keinem Ort werden kulturelle Unterschiede offensichtlicher als bei Elternabenden in Kindergarten und Schule.

Dreißig fleißige Kindergartenmütter saßen einmal mit eiserner, ungeteilter Konzentration um kleine Tische herum. Mit flinken Handumdrehungen schnitten, bogen und flochten sie Tannenzweige um die Wette, als ob ihr Leben davon abhängen würde. Bunte Teller voller Weihnachtsplätzchen lagen unberührt auf jedem Tisch. Wir waren zum Adventsbasteln im Kindergarten „in entspannter Feierabendlaune" eingeladen worden.

Strenge, nach vorne und leicht nach unten gerichtete Blicke, Brillengestelle auf den Nasenspitzen. Ein kollektives Stirnrunzeln mit fast zugekniffenen Augen. Hier beim Adventsbasteln fand ich die ultimative Erklärung dafür, dass Deutschland eine globale Wirtschaftsmacht geworden ist und dass England seit jeher hinterherhinkt.

Die schweigsame Konzentration wurde nur durch die gelegentlich verstohlenen, mitleidsvollen Blicke unterbrochen, die in meine Richtung auf das stachelige, grüne Durcheinander vor mir auf dem Tisch geworfen wurden, bei dessen Anblick man nie auf die Idee gekommen wäre, dass es ein Wohnzimmer oder eine Haustüre schmücken könnte.

Dabei hatte ich mich auf diesen Abend bestens vorbereitet, mir Bastelanleitungen im Vorfeld angeschafft, mich in das Thema „Adventskranz" gründlich hineingelesen, Bändchen und Basteldraht im Bastelladen eingekauft und zu Hause sogar eine Generalprobe durchgeführt. Integration vom Feinsten, hatte ich gedacht. Den Einheimischen ja in nichts nachstehen!

Bei den Briten gibt es nicht einmal ein ordentliches Wort für

„basteln". Kein Wunder, dass wir es partout nicht können. Höchstens „make things" – „Dinge machen" –, aber das ist nicht das Gleiche wie „basteln". Hausaufgaben „macht" man, Einkäufe „macht" man. Einen Adventskranz „macht" man nicht, man „bastelt" ihn.

Ein paar Tage später stand meine vierjährige Debbie mit ihrer Freundin Tina vor dem Haus und begutachtete das drahtige Gestell von Zweigen, Glitzerbändchen, Pappsternen und Nüssen, das an der Haustür hing.

„So machen die Engländer ihre Adventskränze", erklärte meine Tochter allen Ernstes, „ei-förmig und mit vielen Armen und Beinen in alle Richtungen, und ganz schief und bunt und ein Kuddelmuddel."

Eine kurze, beeindruckte Pause.

„Sollen wir unseren Kranz bei deiner Mama auf Englisch oder bei meiner Mama auf Deutsch basteln?", fragte Tina.

Eine kurze, diesmal nachdenkliche Pause. Beide Mädchen musterten nachdenklich meinen Türschmuck.

„Vielleicht doch bei deiner Mama", antwortete meine Tochter.

Zum Nachdenken:

- *Wie reagiere ich auf neue Herausforderungen, die das Familienleben mit sich bringt?*
- *Habe ich Angst um mein Ansehen oder freue ich mich über neue Abenteuer, auch auf das Risiko hin, dass ich mich blamiere?*

In der Wilhelma

Vier sind die Kleinen der Erde, und doch sind sie wohlerfahrene Weise. Die Ameisen, ein nicht starkes Volk, und doch bereiten sie im Sommer ihre Speise, die Klippdachse [...], die Heuschrecken [...], die Eidechse [...].

Sprüche 30,24-25

Wir haben in Baden-Württemberg eine sehr familienfreundliche Landesregierung. Sobald man Kinder hat, wird man stolzer Besitzer eines Landesfamilienpasses. Wo gibt es sonst so etwas? Ein näherer Blick auf die Gutscheine lässt die anfängliche Begeisterung allerdings schnell verklingen. Denn mit diesem Pass in der Hand hat man die Möglichkeit, mit einer Schar quirliger Kleinkinder sämtliche altwürdigen Kunstmuseen und edlen Schlösser rund um das Jahr umsonst zu besuchen. Riesige, muffige Hallen zu durchstöbern, voller Kostbarkeiten aus dem Altertum, die man ja nicht anfassen darf, und in denen man mucksmäuschenstill sein muss und nicht rennen oder toben darf ...

Vergeblich suchten wir nach einem Flatrate-Zugang zu irgendwelchen Rummelplätzen, Volksfesten, Freizeitparks, Märchenparadiesen oder Erlebnisbädern. In diesem einmaligen Frühbildungsangebot unserer Landesväter gab es aber einen Lichtblick. Die Wilhelma, Hauptzentrale und Anziehungspunkt für Tierliebhaber aus der ganzen Gegend. Einmal im Jahr durften wir sie kostenlos besuchen.

Zoobesuche mit vier Kindern im Schlepptau sind anstrengende, schweißtreibende Angelegenheiten. Hier galt in unserer Familie die eiserne Faustregel, die meine Kinder kommentarlos von ihrem Vater übernommen hatten: „Wenn schon, denn schon." Auch Erholung musste auf Biegen und Brechen bis zum Anschlag ausgekostet, jeder Winkel des Zoos ausgekundschaftet werden.

Bei einem dieser Zoobesuche war eine Sitzbank bei den Orang-Utans meine Rettung. Hier wurde ich von meiner Familie geparkt, während sie zur Fütterung der Krokodile pilgerte, wo Action, Drama und Blut geboten wurden – nichts für zarte mütterliche Nerven. Ich verweilte gerne im Schatten und schaute zu, wie eine zottelige Riesen-Affenmama an einem Arm von einem Ast hing und langsam hin und her schaukelte, während sie vor sich hin mampfte und ihr neugieriger und lässiger Blick in der Gegend schweifte. In der anderen Hand hielt sie eine halb gegessene Banane, und ein winziger Babyaffe hing irgendwo an ihrem Bauch. Und schaute genauso neugierig und lässig. Eine merkwürdige Ruhe und Unbekümmertheit strahlte die Szene aus. Alles, was diese Mama tat, tat sie langsam. Und mampfte dabei. Die Sauerei von abgeworfenen Kohlresten, Bananen- und Melonenschalen um sie herum schien sie nicht zu stören. Mampfen, noch mal mampfen, dann eine Weile hängen, Kopf nach unten. Immerzu beschäftigt mit dieser kleinen wuscheligen Kugel mit den riesigen Kulleraugen, die ihr ganzer Stolz und ihr ganzes Lebensglück zu sein schien. Ganz schön irrational, diese Liebe. Mal zog sie an verfilzten Haarbüscheln, mal guckte sie in die kleinen Ohren, mal suchte sie nach Flöhen und Läusen, die nicht da waren, mal baumelte sie mit ihm im Arm. Eine Oase des Friedens mitten in einer gebrochenen Welt.

Von den Tieren können wir einiges lernen, sagt die Bibel. Schaut die Vögel an, fordert Jesus auf. Geh zu der Ameise und lerne Klugheit, neckt König Salomo, und zu den Klippdachsen, Eidechsen und Heuschrecken. Und vielleicht auch zu den Orang-Utans. Einfachheit, Zufriedenheit, Vertrauen – Gottes Fingerabdrücke sind überall zu sehen, wenn man mit offenen Augen durch die Gegend läuft.

Ich stand auf und schlenderte Richtung Krokodilgehege. Langsam und entspannt, einen Keks mampfend. Und mit dem Gefühl, mich gründlich erholt zu haben. Ich hatte – dank des Landesfamilienpasses – keinen einzigen Cent dafür ausgegeben.

Zum Nachdenken:

- *Wo kann ich beim nächsten Spaziergang versteckte Botschaften Gottes entdecken?*
- *Was kann ich von Tieren und Pflanzen lernen?*

Segen, der ansteckt

In dir sollen gesegnet werden alle Geschlechter der Erde.
　1. M‍OSE 12,3

Als Gott Abraham in seine Nachfolge rief, verriet er zunächst nichts über die Auswirkungen dieses Rufs auf seine Familie. Er stellte Abraham und seinen Kindern auch keine persönlichen Vorteile in Aussicht. Nur den Segen, den alle anderen Familien dieser Erde davon haben würden. Schon am Anfang von Gottes Geschichte mit seinem Volk gehörte es zum Selbstverständnis einer göttlichen Berufung, dass der, der andere segnet, selber gesegnet wird.

　Einmal sollte ich in einem Frauenkreis eine Bibelarbeit leiten. Eine Meute von kleinen Schlingeln wollte partout nicht bei der jungen Frau bleiben, die für die Kinderbetreuung bestellt war, und die Tür knallte immer auf und zu. Der kleine Johnny, selbst ernannter Anführer der Rasselbande, kletterte sabbernd auf seine Mutter, rülpste demonstrativ und lachte laut über seine eigenen Fratzen. Danach kletterte er auf mich und wischte seine Rotznase an meinem Ärmel ab. Seine Mutter lächelte milde und bewunderte seine Showeinlagen. Irgendwann schlug ich meine Bibel in müder Resignation zu und wir tranken stattdessen Kaffee. Ich wusste, Klagen über die verpatzte Bibelarbeit bringen nichts. Abgestumpft zu sein gegen das Chaos, ist manchmal eine Frage des Überlebens. Oft genug ertappte ich mich selber bei der Art von Inkonsequenz, die bestimmtes Verhalten bei den eigenen Kindern duldet, bei anderen Kindern aber vehement verurteilt.

　Gott hat Abraham klar zu verstehen geben: Seine Familie sollte kein Selbstzweck, sondern ein Werkzeug sein, durch das andere Menschen gesegnet werden. Folglich soll es unserer Umgebung, wenn wir, auch „Erben Abrahams" sind, mit unseren Familien irgendwo aufkreuzen, vermutlich besser und nicht schlechter gehen, weil wir da waren. Was könnte das praktisch heißen?

　Vielleicht den kleinen Max sofort aus dem Verkehr ziehen, wenn er mitten in einer geselligen Runde nach einem Eis quengelt und meine Freundinnen ihn offensichtlich nicht so entzückend finden wie ich? Mich beim Hausmeister bedanken, anstatt gekränkt zu sein, dass er die kleine Felicitas zurechtweist, nachdem sie Porzellantassen auf den Boden schmeißen wollte? Der kleinen Svenja beibringen, sich über den Erfolg ihrer Konkurrentin zu freuen, anstatt neidisch zu sein? Haben Kinder, die früh lernen, „ihren Nächsten wie sich selber zu lieben", nicht viel bessere Aussichten auf ein glückliches Leben?

Im Dienst des Herrn und des Nächsten blüht alles auf, auch die Kleinfamilie. Alles, was ausschließlich sich selbst dient, ist dem Verfall preisgegeben. Gerade für unsere Kindererziehung gilt daher die Verheißung, „wer sein Leben verliert um meinetwillen, der wird es finden" (Matthäus 19,39) und „trachtet zuerst nach dem Reich Gottes und nach seiner Gerechtigkeit! Und dies alles wird euch hinzugefügt werden" (Matthäus 6,33). Diese und ähnliche Sprüche Jesu erinnern uns immer wieder daran, dass unsere Kinder nicht ein Mittel zur Erfüllung unseres eigenen Geltungsdrangs sein dürfen. Daher gibt es Momente, in denen sie begreifen dürfen, dass sie nicht im Mittelpunkt stehen und dass nicht jedes Bedürfnis auf Anhieb gestillt wird. Manchmal dürfen sie sich leise beschäftigen oder ein wenig warten, weil uns etwas anderes gerade wichtig ist: der Austausch mit der Freundin, die in Not ist; die Gemeinschaft mit Jesus oder mit dem Ehemann; ein paar Minuten ungestörtes Bibellesen; der Hauskreisabend.

Unseren Kindern beizubringen, dass die Bedürfnisse anderer Menschen wichtig sind, ist einer der größten Liebeserweise, den wir ihnen zuteil werden lassen können. Dadurch werden auch sie Erben Abrahams und seines Segens.

Zum Nachdenken:

- *Habe ich einen Blick dafür, wie meine Kinder auf ihr Umfeld wirken?*
- *Wo lernen sie von mir, wie viel Spaß es macht, andere Menschen glücklich zu machen und auf sie und ihre Bedürfnisse Rücksicht zu nehmen?*

Das Vaterunser einer Mutter

Unser Vater im Himmel, geheiligt werde dein Name ...

Ob ein Vater im Himmel mit einem geheiligten Namen irgendwas mit einer erschöpften Mutter auf Erden mit ungeheiligten Nerven anfangen kann? Nein, Kinder, heute nicht nach draußen – ihr seht ja, dass es regnet – wie bitte? – ja, ich weiß, dass es euch nichts ausmacht nass zu werden, aber mir macht es was aus. Ihr habt ja ganz frische Sachen an.

Dein Reich komme ...

In deinem Reich stehen bestimmt nicht so viele ungespülte Tassen herum wie in meinem Reich – nein, Kinder, es gibt nichts zu essen, ihr habt gerade gefrühstückt. Sagt mal, könnt ihr nicht ein bisschen spielen? Ich versuche, zu beten.

Dein Wille geschehe ...

Klingt riskant, Herr, hat sich aber immer wieder bewährt. Mein Wille ist doch so unberechenbar, launisch, selbstzentriert. Wenn ich mich deinem Willen anvertraue, habe ich mich selber besser im Griff. Kinder, müsst ihr gerade jetzt brüllende Löwen spielen? Wie wäre es mit schlafenden Löwen?

Gib uns heute unser tägliches Brot ...

Oh, das erinnert mich an etwas. Die Kartoffeln wollte ich gleich nach dem Frühstück schälen. Einkaufen muss ich auch. Kannst du einen Moment warten, Herr? Okay, ungerne. Ich hatte dir gestern versprochen, meine Gebetszeiten ernster zu nehmen. Gut, dann gibt es eben Nudeln. Ach du liebe Zeit, jetzt spielen sie schnarchende Löwen – als nächstes wahrscheinlich hungrige Löwen. Nein, Kinder, es gibt noch kein Mittagessen, auch keine Kekse. Holt doch die Plüschmäuse raus, sie sahen heute Morgen einsam aus. Wo waren wir, Herr?

Vergib uns unsere Schuld....
Wo soll ich da bloß anfangen? Ungeduld, Undankbarkeit, Lieblosigkeit. Der Wutausbruch gestern. Immerzu der Versuch, netter und geistlicher zu erscheinen, als ich wirklich bin. Selbstsucht und Niederträchtigkeit, versteckt unter einem Heiligenschein.
Gibt es nicht zufällig eine Art Pauschalannullierung des ganzen Pakets? Golgatha. Hatte ich vergessen. Danke für Golgatha. Lass es mich bitte tiefer spüren, was du dort für mich getan hast. Lass es mein Leben verändern – aus dem Kopf ins Herz hinein, wo ich nicht nur theologisch informiert bin, sondern die Realität deiner Vergebung spüre. Mach mich dankbar. Ich möchte, dass diese unwiderstehliche göttliche Liebe – nicht meine eigene Anstrengung – mir hilft, ein besserer Mensch zu werden, wenn ich mich auf sie einlasse. Was war das, Kinder? Die Maus ist in die Toilette gefallen? Nein, nicht runterspülen, ich komme gleich. Herr, jetzt muss ich wirklich kurz weg ... Nein, Mausi ist nicht ertrunken, hört mit dem Gebrüll auf, ihr klingt, als ob man euch ins Klo gespült hätte und nicht die Maus – und wascht euch gefälligst die Hände. Nein, wir gehen nicht zu McDonald's. Ja, ich weiß, ihr habt Hunger. Wo war ich, Herr?

... wie auch wir unseren Schuldigern vergeben.
Danke für den Impuls. Du bist praktisch, wie immer. Eine Art TÜV für die Seele. Bitterkeit schadet mir selber mehr als denen, gegen die ich bitter bin. Das erlaube ich mir nicht. Hilf mir, meine „Feinde" nicht nur zu segnen, sondern ihnen von Herzen Gutes zu wünschen. Ein hoher Anspruch – und einer, der mir überhaupt nicht schmeckt, Herr – Rachephantasien machen viel mehr Spaß. Aber nur wenn ich Vergebung gelernt habe, bin ich ein freier Mensch. Kinder, hört auf zu streiten! Wie kann man sich bloß über ein altes Staubtuch streiten? Hier, es gibt zwei davon.

**... und führe uns nicht in Versuchung,
sondern erlöse uns von dem Bösen ...**
Gut, dass so ein dicker, runder Teefleck gerade an dieser Stelle in

meiner Bibel geblieben ist. Ich darf mich hinter dir „verstecken", wenn mir diese Welt zu kalt, verwirrend und beängstigend vorkommt – und das ist keine Feigheit, das magst du sogar und forderst mich auf, das zu machen!

... denn dein ist die Macht, die Kraft und die Herrlichkeit ... in Ewigkeit ...

Guter Abschluss, Herr. Wir fingen mit dem „Himmel" an, jetzt kehren wir dorthin zurück. Und ich hab das Gefühl, dass du mich ein Stückchen dorthin mitnimmst – innerlich, zumindest. Ich schaue meine Umgebung an mit ihren bedrohlichen Wäschebergen, den klebrigen Fingerabdrücken überall, den Krümeln unter dem Tisch, dem Duft des Wickeltisches im ganzen Haus. Und schmunzelnd und staunend denke ich daran, dass diese genau die Welt ist, in die du selber gekommen bist: in die Welt der schreienden Kinder, der genervten Mütter, der ausgelasteten Väter. Danke, dass du nicht auf eine geistliche, „keimfreie" Umgebung gewartet hast, bevor du deinen Standardgruß „Friede sei mit Euch" in diese Unruhe, in diesen Staub des Alltags, hineingesprochen hast – und dadurch auch mein Leben verwandelst.

Amen.

Übrigens, es geht mir irgendwie besser, Herr. Gibt es irgendwas, was ich heute für dich tun kann?

Zum Nachdenken:

- *Wie wäre es damit, ein eigenes „Gebet einer Mutter" zu schreiben und zu versuchen zu hören, was Gott einem sagen möchte?*
- *Welche biblischen Geschichten zeigen einen Gott, der mitten im Frust des chaotischen Alltags Segen und Frieden schenkt?*

Dem Lachen auf der Spur

Und unbekümmert lacht sie dem nächsten Tag zu.
SPRÜCHE 31,25

Debbie war in der Wir-entdecken-die-Schere-Phase. Sie hatte ein Gespür dafür, wo ich die Scheren versteckt hatte, und auch dafür, wann der richtige Moment sei, sie zu finden. Zum Beispiel, wenn ich in ein Telefonat so vertieft war, dass ich weder Ohr noch Auge für irgendetwas anderes hatte. Nicht schlimm, solange sie sich mit Inbrunst nur an Papier heranmachte. Aber als die Neugierde sie packte, ob die Schere das Gleiche mit dem Stoff der Gardinen anrichten würde wie mit dem Papier, war ich besorgt. Wie erklärt man einem Kind diese feinen Unterschiede? Ich musste mich mit der Nein-heißt-nein-Taktik zufriedengeben. Ein Kind muss nicht alles nachvollziehen können. „Nein", der Kaffeetisch wird nicht zerschnitten, „nein", auch nicht ihr Kleid, auch nicht der Teppich. Ich dachte, damit hatte ich alle Möglichkeiten schon im Vorfeld ausgeschlossen.

Das heißt, bis zu dem Tag, an dem meine Freundin Jane mich besuchte. Kurz bevor sie ankam, hing ich in komplizierten Verhandlungen über den Ablauf eines Frauenabends am Telefon. Nebenher fiel mir auf, wie ruhig die Kinder waren. Ein gutes oder ein schlechtes Zeichen? Als ich am Küchenfenster Jane im Anmarsch erblickte, brachte ich das Gespräch zu einem raschen Ende und legte den Hörer auf.

„Debbie, Stefan, Jane ist mit Baby Becky da!"

Der erwartete Begeisterungssturm blieb aus. Mit Unbehagen im Magen öffnete ich die Tür zum Kinderzimmer. Meine Augen fielen auf eine Spur von weichen, dunkelblonden Haarbüscheln, die zum Kleiderschrank führten. Bis Jane drei Stockwerke zu uns hochgestiegen war und an der Wohnungstür klingelte, hatte ich zwei verängstigte Kinder aus dem Kleiderschrank gezogen und stand fassungslos vor meinem kleinen Sohn. Seine Augen wirkten größer als sonst. Nicht, weil er mich mit einer Mischung von Erschrockenheit und Schuld anschaute, sondern weil sein Pony fehlte. Die Locken rechts und links über seinen Ohren waren unversehrt. Auf dem Oberkopf befanden sich nur noch die Überreste eines vollen Haarschopfes – kahle Stellen waren zwischen den Zickzack-Spuren der Schere sichtbar. Mein hübscher Sohn sah furchtbar aus. Schimpfen, toben, heulen? Ich entschied mich für Heulen. Die Aussicht, den Wonneproppen, der normalerweise von allen Seiten bewundernde Blicke auf sich zog, in diesem Zustand auszuführen, war für meine mütterliche Eitelkeit zu viel.

Eine Tasse Tee und eine Freundin, mit der man sie teilen kann, sind an solchen Tagen von unschätzbarem Wert.

„In ein paar Tagen lachst du herzhaft darüber", versicherte mir Jane und bemerkte gleich darauf: „Eigentlich könntest du auch jetzt gleich lachen."

Eine verblüffend einfache Logik. Schließlich war niemand zu Schaden gekommen. Nur meine Eitelkeit. Wenn kein Notarzt gerufen werden muss und kein Fremdeigentum geschädigt ist, dann macht man eine Anekdote daraus und hat bei Omas nächstem Geburtstagskaffee etwas zu erzählen. Ein guter Weg, die Lebenserwartung um ein paar Jahre zu verlängern.

Als ich anfing, Janes Idee anzuwenden, entdeckte ich überall Dinge, die nicht in dem Maße zum Heulen waren, wie ich zunächst gedacht hatte. Zum Beispiel die riesigen Lachgesichter, die Stefan an die Tapete unseres Elternschlafzimmers gemalt hatte, als er seinen Mittagsschlaf nicht halten wollte. Nicht in Bleistift, sondern in Tinte. Als wir später umzogen und die Tapete entfernten, bewahrte ich eines der Lachgesichter als Andenken auf. Dann gab es die pechschwarze Schuhcreme, die er in den beigen Teppich hineinrieb. Warum hat noch niemand auswaschbare Schuhcreme erfunden? Bloß keine Nerven verlieren: einen Läufer drauf, basta, der Fleck ist weg!

Der lustigen Seite einer Geschichte auf die Schliche zu kommen – das muss geübt werden. Eine Freundin brachte mir die Sprechblasen-Technik bei, die vor allem für lange, angespannte Elternabende in der Schule geeignet ist. Man schaut sich nacheinander grimmige Gesichter an und stellt sich vor, was ihnen gerade durch den Kopf gehen könnte. Dann macht man innerlich die entsprechenden Sprechblasen dazu. Die Gedanken sind immer noch frei – und andere müssen die Gedanken, die man ihnen in den Kopf legt, ja nicht unbedingt wissen ...

Es bleibt noch genug übrig, worüber man nicht lachen kann. Ernste Mienen sollen lieber für diese Momente aufbewahrt werden. Wie für hungernde Kinder in Entwicklungsländern. Drohende Kriege im Nahen Osten. Die Verwahrlosung von Kindern und Jugendlichen in unserer eigenen Gesellschaft. Wie klein sind doch im Vergleich dazu manche Dinge, über die wir uns Kopfschmerzen machen! Dann lieber unserem biblischen Vorbild gemäß „dem nächsten Tag zulachen".

Zum Nachdenken:

- *Bei welchen aktuellen Herausforderungen in meinem Leben gibt es auch eine lustige Seite?*
- *Worüber habe ich mich schon mal wahnsinnig geärgert – kann aber jetzt drüber lachen?*

Ein Kind, das das Weite sucht

Ich will jauchzen und mich freuen über deine Gnade [...], dass du meine Füße auf weiten Raum gestellt hast.
PSALM 31,8-9

„Leonie-Alarm!"

Es war ein sonniger Sonntagmorgen, an dem eine panische Stimme durch das Haus hallte. Jedes Familienmitglied ließ alles fallen und sprang wie bei einem militärischen Manöver auf. Mit routinierter Gründlichkeit wurde das Haus von oben nach unten durchsucht. Keine Leonie weit und breit. Es folgte Manöver Teil zwei: Alle marschierten zügig in die Garage, schnappten sich Fahrräder, um die Suchaktion auf den Umkreis um das Haus herum zu erweitern. Plötzlich hielt Leonies Mutter, Ute, kurz inne. „Moment, ich höre sie reden!" Die Fahrräder wurden wieder abgestellt und alle stürmten in den Garten, der von vorne nach hinten durchsucht wurde. Auch dort keine Leonie – nur ihre Stimme, die irgendwo fröhlich plapperte. Ein zufälliger Blick hoch zum Hausdach brachte das Ende der Suche. Leonie war durch eine Dachgaube aufs Dach geklettert und schaute sich die Welt voller Verwunderung erstmals von oben an. Zwei erleichterte Elternteile schlossen das Kind in ihre Arme. Als die Familie nach dem Frühstück mit dem Auto aus der Hofeinfahrt auf die Straße fuhr, zeigte Leonie mit dem Finger aufs Hausdach. „Oben gut", war ihr zufriedener Kommentar.

Das war das Gipfelerlebnis sämtlicher Such- und Rettungsaktionen, die auf Leonies gelegentliche Ausreißerversuche im Haus Christner schon gefolgt waren. Denn weder eine abgeschlossene Haustür, noch eine Terrassentür mit zusätzlicher Verriegelung, noch ein Gartenzaun, der extra wegen ihr errichtet wurde, konnte sie aufhalten, die große, weite Welt zu erkunden. Seit ihrem dritten Lebensjahr war sie von einer fröhlichen Neugierde auf alles getrieben, was sich außerhalb ihres eigenen Gartenzauns befand. Wenn Leonie-Alarm geschlagen wurde, wusste jeder, was zu tun war. In alle Himmelsrichtungen radelten die Familienmitglieder hinaus, um die Ausreißerin zurückzuholen.

Leonie kam mit Down-Syndrom auf die Welt. Ihre Eltern, Willi und Ute, erlebten nach der lang ersehnten Geburt eine Achterbahnfahrt der Gefühle. Diese Diagnose stellte ihre gesamte Lebensplanung auf den Kopf. Sie waren jung, gehörten nicht zu der üblichen Down-Syndrom-Risikogruppe – und es war ihr erstes Kind. Verzweiflung machte sich breit. Sie suchten nach neuen emotionalen Ressourcen und fingen zum ersten Mal in ihrem Leben an zu beten. Ihre Hoffnung war, dass Gott die kleine Leonie durch ein übernatürliches Eingreifen heilt. Hat er damals doch auch getan, als er in menschlicher Form auf dieser Erde lebte. Warum nicht heute und für sie?

Gottes Eingreifen war anders, als es sich das Ehepaar Christner vorgestellt hatte, sein Plan größer als die einfache Entfernung eines Beschwernisses. Es dauerte nicht lange, bis der Schock der ersten Tage der Dankbarkeit Platz machte. Mit ihrem Charme und ihrer Fröhlichkeit wurde Leonie zum Mittelpunkt der Verwandtschaft und zum kleinen Superstar im Freundeskreis der Familie. Mit Leonies Anwesenheit ging immer die Sonne auf, für ein hochwertiges Unterhaltungsprogramm war gesorgt. Wenn sie aus irgendeinem Grund fehlte, war es langweilig. Dann kam eine weitere Tochter, Amelie, auf die Welt. Damit stieß eine neue Hilfskraft zur Suchmannschaft dazu, wann immer Leonie spontan beschloss, das Weite zu suchen. Die Schwestern waren ein untrennbarer Doppelpack, untröstlich, wenn sie sich auch nur für ein paar Augenblicke aus den Augen verloren hatten. Leonie war überall dabei. Sie machte die Teenie-Bibelschule in der Gemeinde mit, sang bei Kindertheaterstücken im Chor und war immer mit von der Partie, wenn die Kinder in der Lobpreiszeit im Gottesdienst Polonaise tanzten. Nicht nur ein Familienleben, sondern ein ganzes Gemeindeleben war ohne Leonie undenkbar.

Nicht, dass alles glatt lief. Es gab Tage, an denen die Fürsorge für Leonie Kraft und Energie kostete. Tage, an denen Fragen quälten: Hat so ein Kind Platz in dieser Welt? In einer Welt, in der zunehmend alles, was nicht konform oder nützlich ist, eiskalt zur Seite geschoben wird? In der nur ein moralischer Wert gilt: Umsatz bringen und Wirtschaft fördern?

Noch ist es möglich, zumindest in der eigenen Familie, eine ganz andere Kultur aufzubauen. Willi und Ute entdeckten, dass ein Down-Syndrom-Kind die perfekte Möglichkeit dazu bietet, und wurden so zu einer Ermutigung für viele Eltern, deren Familiengründung anders verlief als erhofft und erwartet.

Leonies Drang zu wissen, was jenseits des Horizonts liegt, wurde so zum Sinnbild für das Wunder, das Gott in ihrer Familie tun wollte. Denn in Gottes Augen war das „Problem" ein getarnter Segen. Auch Willi und Ute durften sehen, was jenseits des Horizonts liegt. Auch sie wurden „in die Weite" geführt, ihre Füße auf „weiten Raum" gestellt. Auch sie wurden mitten in der Herausforderung mit einem Familienglück beschenkt, von dem viele Familien mit „normalen" Kindern nur träumen können.

Zum Nachdenken:

- *Habe ich eine „Leonie" in meinem Leben? Eine anfängliche Herausforderung, die sich doch als ein großer Segen entpuppt oder noch entpuppen könnte?*
- *In welcher Weise will Gott meine Füße dadurch auf „weiten Raum" stellen?*

Vom Bügeln und Beten

Betet allezeit mit Bitten und Flehen.
Epheser 6,18

Gebetsmuffel wie ich brauchen kreative Ideen, um die Beziehung zu Gott frisch zu halten. Der Apostel Paulus macht es uns mit Aufforderungen wie „haltet an im Gebet!" (vgl. Römer 12,11, Kolosser 4,2), „betet allezeit" (Epheser 6,18), und „betet ohne Unterlass!" (1. Thessalonicher 5,17) nicht leicht. Es gibt keine Ausnahmeregelungen für gestresste Mütter. Als ob Beten so einfach wäre. Selbst für einen spannenden Film, der mich wirklich in seinen Bann zieht, habe ich kaum genug Sitzfleisch. Beten fordert noch mehr Konzentration. Sich mit einer Person zu unterhalten, die man mit den natürlichen Augen und Ohren nicht wahrnehmen kann, ist eine Zumutung – egal wie wichtig einem diese Person ist.

Hinzu kommt, dass Ruhezeiten im Leben einer vierfachen Mutter eher eine Seltenheit sind. Wie sucht man Gott mitten in unaufgeräumten Spielsachen und Ausbrüchen von Grippe, Windpocken und Kopfläusen? Wie, wenn Augen und Ohren Tag und Nacht in Habachtstellung sind, Füße zu jeder Zeit bereit, in vier verschiedene Richtungen gleichzeitig den Kapriolen von vier Wirbelwinden hinterherzurennen? Wo bleibt da Zeit für Gott? Dabei ist gerade das Gebet entscheidend, um für den Rest des Tages Kraft und gute Laune tanken zu können.

Ich bin froh um die Jünger Jesu, die offen und naiv gefragt haben, ob er sie beten lehren könnte. Ihnen wurde der Drang dazu wohl auch nicht in die Wiege gelegt.

Irgendwann entdeckte ich, dass es sogar im Mama-Alltag Hilfsmittel für das Gebet gibt. Etwa beim Bügeln und Wäschezusammenlegen. Zum Beispiel Debbies T-Shirt. *Herr, schütze ihr Herz vor Angst, hilf ihr, ihre Schüchternheit zu überwinden und fest und stark zu werden.* Stefans Strümpfe. *Hilf ihm, immer richtige Wege zu gehen. Diese Füße haben ihm schon manch einen Ärger eingebrockt.*

Ihn jedes Mal davor bewahren, das können wir nicht. Danis Jogginghose. *Halte ihn bitte gesund und fit. Heile ihn von der Migräne, die ihn in viel zu jungen Jahren plagt.* Jessies Schlafanzug. *Sie schläft gerade unruhig und träumt schlecht. Fülle ihre Seele mit Frieden und schenk ihr einen guten Schlaf.* Helmuts Sonntagshemd. Eins der wenigen Stücke, die gründlich gebügelt werden. *Schenk ihm für die Predigtvorbereitung Gedanken, die von dir kommen und den Gottesdienstbesuchern am Sonntag Hilfe und Wegweisung geben.*

Eine Tischdecke. *Segne alle Menschen, die um diesen Tisch sitzen, sich in dieser Küche bedienen, die Gäste, die ein und aus gehen.* Meine Schürze. Seufz. Sie steht für so viele chaotische Momente – für Selbstzweifel, Ungeduld, Antriebslosigkeit. *Ich muss mich besser in den Griff bekommen, Herr.* Das Geschirrtuch mit dem „Tower of London" drauf. *Segne die Verwandten in England.* Ich nenne sie alle beim Namen, während ich das Geschirrtuch zusammenlege und mit dem Bügeleisen kurz darüberfahre. Und wenn ich schon dabei bin, *auch die deutsche Verwandtschaft.* Die Topflappen, die Marianne gehäkelt hat. Bald feiert sie ihren achtzigsten Geburtstag und die Arthritis wird schlimmer. *Bewahre sie vor Schmerzen.* Noch ein Geschirrtuch. Eine Landkarte vom Toten Meer. Da war wieder was in den Nachrichten. *Schenke Frieden in Israel und im ganzen Nahen Osten. Schütze unsere Freunde dort, die kleinen Kinder, die Familien. Nicht nur dort, sondern überall in der Welt, wo gekämpft, geschossen, gemordet, verfolgt wird. Danke, dass wir es hier so gut haben, wir sollten eigentlich jeden Tag jubelnd aus dem Bett steigen. Hilf uns, unsere Freiheit und unseren Wohlstand zum Wohl anderer einzusetzen.* Das erinnert mich an unsere Missionare, das Waisenheim in Kolumbien, die Kinderarbeit in der Mongolei, die Gemeinden in Zimbabwe, die Pastoren in China. Eine ganze Weltreise wegen zwei Geschirrtüchern.

Last but not least: die unvermeidliche Solo-Socke, die immer unten in jedem Wäschekübel lauert und keinen Partner hat. Unweigerlich denke ich an all meine Bekannten, die einsam sind und sich einen Ehepartner wünschen. Die Geschiedenen, die sich verlassen fühlen. Die Verheirateten, die sich auch in der Ehe einsam fühlen.

Ich lege ein Taschentuch neben die Socke. *Wische du die Tränen ab, Herr. Tränen der Einsamkeit, der vermeintlich verpassten Chancen, des gestorbenen Liebesglücks. Lass unsere Fürsorge für unsere eigenen Kinder immer in eine Fürsorge für Heimatlose um uns herum überfließen.* Segen ist dazu da, weitergegeben zu werden.

Familie nur als Verwaltung des eigenen Glücks? Das wollen wir nicht. Schon erstaunlich, wie ein einfaches Bügelgebet einen auf ganz andere Gedanken bringen kann. Dankend, lobend, bittend, und mit einem tiefen Frieden im Herzen, mache ich das Bügeleisen aus und widme mich der nächsten Aufgabe.

Zum Nachdenken:

- *Wie wichtig ist mir die aktive Pflege meiner Beziehung zu Gott?*
- *Gibt es kreative Möglichkeiten, wie ich das Gebet in meinen Alltag als Mutter einbeziehen kann?*

Von der Freude, Dinge zu besitzen

Sammelt euch nicht Schätze auf der Erde, wo Motte und Fraß zerstören und wo Diebe durchgraben und stehlen. Sammelt euch aber Schätze im Himmel.
MATTHÄUS 19-21,24

Ich trat feierlich auf meinen neuen Teppich und stellte mir vor, wie er in zehn Jahren aussehen würde. Helmut hatte recht. In der Zeit der Fußbodenheizung und pflegeleichter, stilvoller Parkettböden grenzt es an Fahrlässigkeit, einen Teppich zu haben. Es war ein Zugeständnis an meine Zeit in einem Mädcheninternat, in der ich von den Holzböden immer Splitter in den Zehen hatte und es zudem noch eine Ewigkeit dauerte, bis meine Füße nachts im Bett warm wurden. Ich hatte daher beschlossen, meine zukünftigen Wohnungen als Erstes immer mit einem gemütlichen Teppich auszustatten. Ein Ehemann, der nicht damit einverstanden wäre, kam nicht infrage.

Noch sah der Teppich flauschig und sauber aus und duftete nach Möbelhaus. Alles in mir schrie danach, ihn so schön zu behalten, wie er war. Wenn alles jedoch seinen gewohnten Lauf nehmen würde, würde dieser Teppich innerhalb kürzester Zeit eine Geschichte zu erzählen haben. Hier ein Saftfleck, der nicht so recht herauskommen will. Sabbernde Babys, Mal-, Farb- und Klebspuren, bräunliche Kaffeespuren, Abdrücke von Blumentöpfen und Vasen. Eine festgetretene Bahn, leicht schmuddelig, die von der Tür zu den Sesseln führt.

Schweren Herzens erteilte ich meinem Teppich die offizielle Erlaubnis, dreckig zu werden. Was bringt es, einen Fußboden zu haben, auf dem nur auf Zehenspitzen mit sterilisierten Socken gelebt werden darf?

Fünfzehn Jahre später sah der Teppich viel schlimmer aus, als ich es mir ausgemalt hatte. Den Colafleck vom Abend „Deutschland gegen Portugal", an dem das Haus voller Jugendlicher war, hatte ich mit einem Blumenübertopf abgedeckt. Die unansehnlichen Teespuren vom Formel-Eins-Nachmittag waren nach meinen Reinigungsversuchen auffälliger als vorher. Jedes Putzmittel, das das Haus aufweisen konnte, war draufgekippt und hineingeschrubbt worden. Schließlich parkten wir den großen Sessel darauf, der dadurch zwar etwas seltsam positioniert war, den Teefleck aber elegant zudeckte. Ein Läufer verdeckte die gräuliche Bahn, die von der Tür bis zur Sitzrunde führte, und meine Kuscheltiere saßen auf den Überresten von Blumenerde und flüssigem Dünger, die den Teppichteil neben der Terrassentür schmückten. Das war einer von Stefans Versuchen gewesen, Eisstiele in Blumentöpfe zu pflanzen – in der Hoffnung, dass sie zu Stieleis wachsen würden.

Als uns die Ideen ausgingen, wie man geschädigte Teppichteile verdecken kann, beschlossen wir, dass die Zeit für einen neuen Bodenbelag gekommen sei.

Das Problem mit schönen Sachen ist, dass sie gepflegt werden müssen. Wenn ich etwas Neues kaufe, schießt bei mir der Stresspegel komischerweise viel schneller in die Höhe als der Glückspegel. Besitz macht süchtig. Sollte man nicht lieber die Hände davon lassen? Oder ihn gleich am Anfang entzaubern? Ihn mögen, ohne sein Sklave zu sein? Zum Beispiel Möbel kaufen, die elegant sind, aber auch Kratzer ertragen. Stoffe, die den Inhalt eines umgekippten Saftbechers aushalten. Sich lieber im Vorfeld schon vom Sauberkeitswahn verabschieden. Aller Verdruss der Welt führt nicht dazu, dass verschütteter Saft von alleine vom Teppich zurück in den Becher fließt. Und wer fühlt sich schon in einem Wohnzimmer wohl, das wie das Schaufenster eines Möbelkaufhauses eingerichtet ist? Mustergültige Ordnung und blitzblanke Sauberkeit, wo Kinder leben, hat irgendwie etwas Beklemmendes.

Gegen eine Atmosphäre angehen, in der materielle Dinge uns nach und nach vereinnahmen: Das macht Spaß. Von alleine sind Dinge viel zu wichtig und Menschen viel zu unwichtig. Bei Gott ist es umgekehrt.

Machen wir es lieber so, wie Jesus es uns vorgelebt hat: „Schätze im Himmel" sammeln, fröhliche Geber sein. Zeigen wir unseren Kindern, dass nur das, was wir weggeben, uns wirklich gehört. „Denn wir haben nichts in die Welt gebracht; darum werden wir auch nichts hinausbringen" (1.Timotheus 6,7).

Zum Nachdenken:

- *Bin ich für materiellen Segen dankbar, ohne aber aus ihm einen Stressfaktor zu machen?*
- *Können meine Kinder an meinem Vorbild lernen, dass Menschen wichtiger als Dinge sind?*

Wann sind wir endlich da?

Wenn Ihr nicht umkehrt und werdet wie die Kinder, so werdet ihr keinesfalls in das Reich der Himmel hineinkommen.
MATTHÄUS 18,3

Es gab zwei Spielplätze zur Auswahl: „Der" Spielplatz war der übliche, ein paar Steinwürfe vom Haus entfernt. Dann gab es „den anderen" Spielplatz, eine halbe Stunde entfernt, je nachdem, wie viele Blutegel und tote Käfer unterwegs zu begutachten, welche Blätter und Steine zu sammeln oder wie viele Bäume zu beklettern waren. Heute stand „der andere" Spielplatz auf dem Plan. Der Vorteil für mich: frische Luft, ein Spaziergang und Sandkuchen backen. Als Gegenleistung sollten die Kinder abends müde ins Bett fallen. Damit würde ich mich ungestört der Aufgabe widmen können, das Krippenspiel für Weihnachten zu dichten. Schwierig im Hochsommer – aber die Proben waren für den Herbst schon angesetzt, das Stück musste bis dahin fertig sein.

Wir waren schon dreimal aufgebrochen. Nach dem ersten Versuch mussten wir zurück, um eine Windel zu wechseln. Komisch, wie Babys ihre kreativsten Darmbewegungen gerade dann betätigen, wenn man irgendwo hin möchte. Beim zweiten Versuch gab es plötzlich zwei Rotznasen und kein Taschentuch, noch mal zurück. Als wir wieder unterwegs waren, sah es nach Regen aus. Also wieder zurück, um einen Regenschirm zu holen, noch ein paar Kekse einzupacken, da inzwischen erste Hungergeräusche laut wurden.

Nach einem Abstecher zum Bach, der üblichen Diskussion über die Gründe, warum wir keine Kaulquappen mit nach Hause nehmen, mindestens fünf Durchgängen durch das Wann-sind-wir-endlich-da?-Szenario und mehrfachen Klagen über die Schwere der Sandsachen kamen wir am Spielplatz an. Das Baby schlief, der Rest stürzte sich fröhlich in den Sand, und es bestand die seltene Aussicht auf ein paar Augenblicke gedanklichen Leerlaufs.

Ich zog meine Schuhe aus, setzte mich auf die Kante des Sandkastens und grub meine nackten Zehen in den weichen, warmen Sand. Mit einem Hauch Wehmut beobachtete ich die Sandkuchen, die unter heiterem Gelächter auf der anderen Seite neben der Wasserpumpe in Serienproduktion „gebacken" wurden und dachte mit einem Seufzen an den Tag zurück, an dem meine Rektorin mir eine stolze akademische Zukunft in Aussicht gestellt hatte. Ich hatte für meinen Aufsatz „Goethes Wandeljahre von Sturm und Drang zu Klassik" einen Preis gewonnen. Und schlank war ich damals. Dünn wie ein Besenstiel. Ich gönnte mir einen Anflug von Neid auf meine ledige Freundin, die gerade einen Urlaub auf Mallorca plante.

„Na ja, ich wollte Kinder, und jetzt habe ich sie und sie haben mich, und wir werden es miteinander schon irgendwie stemmen."

Ich lehnte mich zurück, stützte meinen Kopf auf meinen Armen ab, und döste weg. Die Worte „wann sind wir endlich da" drifteten nachhaltig durch meinen Kopf und der warme Sand glitt zwischen meine Zehen, ich schlief fast ein und dachte dabei an Engel, Sterne, die Krippe, an Wüstensand, Kamele, heilige Könige, Hirten und Schafe.

Vier durchschwitzte Stunden und eine Essens- und Badestunde später saß ich an meinem Schreibtisch. Von wegen kein Weihnachten im Hochsommer. Die drei Könige haben eine vollblütige Wüstenwanderung bei brütender Hitze zurückgelegt. Das Kernstück unseres geplanten Weihnachtsspiels war mir auf dem Weg zurück vom Spielplatz klar geworden. Ein Kamel, das müde wird, schwere Lasten trägt, die Hufe durch den Wüstensand schleppt und vor sich hin brummt:

„Der Sand ist hart, die Sonne brennt heiß,
Wann sind wir endlich da?
Mein Rücken tut weh, die Last so schwer,
Wann sind wir endlich da?
Diese dumme Reise, dieser doofe Stern!
So'n kompletter Mist!
'n ganz schönes Gewicht hab ich auf dem Höcker drauf,
seitdem mein Meister Schokolade isst!"

So fing die Geschichte an. Ich hatte die Idee an den Kindern getestet, während sie in der Badewanne saßen. Sie lachten laut an genau den richtigen Stellen. Glück gehabt: Dieses Kamel könnte bühnenreif werden.

„Und was haben die Schafe gesagt?", fragte Daniel. Gute Frage. Und die Ochsen im Stall? Und die Hühner und Tauben? Bald hatten wir einen ganzen Tierpark um die Krippe herum. Ich setzte das Ganze in Reime und dachte mir ein paar einschlägige Melodien aus. Alles, was noch fehlte, war ein Kinderchor. Dieser ergab sich mühelos, wie auch ein Gemeindesaal voll mit verehrenden Omas, Opas, Nachbarn und sonstigen Fans. Und so wurde das motzende Kamel zum ersten Helden in einer Serie von Kindermusicals, mit denen wir ein Stück missionarische Gemeindegeschichte schreiben durften.

„Werdet wie die Kinder", sagte Jesus (Matthäus 18,3). Ob meine Kenntnisse über Goethes Wandeljahre die gleiche Begeisterung bei dem Publikum ausgelöst hätten wie die Tiercharaktere, die durch den Gang zum Sandkasten inspiriert wurden? Manchmal finden sich die originellsten Impulse mitten im Getümmel der Kinderwelt. Und manchmal erweist sich der Kinderspielplatz tatsächlich als wahre Wiege der Kultur. Durch mein Muttersein wurde ich auch in dieser Hinsicht nicht ärmer, sondern reicher.

Zum Nachdenken:

- *Gibt es in meinem Leben Augenblicke, in denen ich mit meinem Mutterdasein hadere und stattdessen Gottes Kreativität darin suchen könnte?*
- *Unkompliziert und vertrauensvoll werden wie ein Kind – sind bei mir neue Schritte nötig?*

Allein und glücklich

Gott ist es, der Einsame zu Hause wohnen lässt.
PSALM 68,7

In einer Runde zurückhaltender Kindergarteneltern stach Moni durch ihr fröhliches Lachen und ihre unbekümmerte Art sofort heraus. Betretene Gesichter wurden im Handumdrehen fröhlich, sobald sie auftauchte. Ich mochte sie auf Anhieb und es dauerte nicht lang, bis wir uns mit unseren Kindern am Spielplatz verabredeten. Nach und nach erfuhr ich, dass sich hinter ihrem freundlichen Lächeln eine Menge Leid verbarg. Das, was nach außen hin wie entspannte Zuversicht wirkte, war in Wirklichkeit die Tapferkeit, mit der sie gute Miene zu bösem Spiel machte. Ich erfuhr, wie es ist, verheiratet und trotzdem allein zu sein. Dass die Einsamkeit einer unglücklichen Ehe zermürbender ist als die eines ungewollten Single-Daseins.

„Komm, und jetzt das Happy-End", betete ich eifrig, nachdem Moni mir eines Tages erzählt hatte, dass sie Christ geworden sei und ab jetzt mit Gottes Hilfe in ihrem Leben rechnen würde. Für mich war es klar, wie die Geschichte weitergehen sollte. Dicht auf die Fersen seiner Frau würde ihr Mann zum Glauben kommen und die Ehe wiederhergestellt werden. Dann würden wir anderen erzählen, wie es funktioniert.

Leider weit gefehlt. Es kamen eine Ballung von Problemen beim Ehemann und eine schleichende Rheumaerkrankung bei Moni. Es wurde schwierig, zwei kleine Kinder in diesem überstrapazierten Familienklima großzuziehen. Nach fast 20 Jahren Ehe ließ sich das Paar scheiden. Bekehrt, erkrankt, geschieden, alleinerziehend. So stellt man sich eine Hinwendung zum christlichen Glauben nicht vor.

Moni hatte aber einen Gott kennengelernt, der nicht nur die christliche Musterfamilie auf seinem Bildschirm hat, sondern der sich gerade an den Stellen einschaltet, an denen menschliche Überlegungen scheitern.

Eines wollte Moni auf keinen Fall: bemitleidet werden. Das war ihr Rettungsring.

„Nein, Alleinerziehungstreffs sind nichts für mich", verkündete sie, nachdem ihr der Vorschlag nahegelegt wurde, einen Kreis zu gründen, der die steigende Zahl von Geschiedenen und Unverheirateten mit Kindern in der Gemeinde auffangen sollte. Zu viel Trübsalblasen, meinte sie. Sie scheute sich vor der Aussicht, als „Sonderfall" gönnerhaft behandelt zu werden. Stattdessen lud sie Familien in der Gemeinde zum Essen ein, bot ihre Dienste als Babysitterin an, baute Freundschaften auf Augenhöhe. Gegenseitige Übernachtungen standen bei den Kindern und ihren Freunden hoch im Kurs und sie sorgte dafür, dass die besten Videos auf ihrem Regal standen. Es dauerte nicht lang, bis es als „cool" galt, mit Moni & Co in Urlaub zu fahren.

Ihre Mädchen bekamen im Miteinander mit „intakten" Familien zwar schmerzlich zu spüren, wie sehr die Anwesenheit eines Vaters fehlte. Sie bekamen aber genauso zu spüren, dass auch in „heilen" Familien nicht alles heil ist.

Wenn Mitarbeiter für ein Kinderprogramm oder Gemeindeessen gesucht wurden, war Moni fast immer dabei. Nie hörte man aus ihrem Mund die Ausrede „aber ich bin doch alleinerziehend". Einen Gottesdienst zu schwänzen, kam für die kleine Dreiertruppe nicht infrage. Moni brachte ihre Töchter überall hin mit und spannte sie mit ein. Überall, wo gefeiert, gebastelt, gesungen oder getanzt wurde, waren sie dabei. Und bald leiteten sie andere an. Eine Mädchen-Tanzgruppe, die ihre Tochter ins Leben gerufen hatte, gewann Preise bei kirchlichen Tanzwettbewerben.

Die Rechnung ging auf. Als Moni durch ihre Rheumakrankheit zunehmend in Not kam und für Ersatzknie, -ellbogen, -handgelenke und schließlich eine Versteifung ihres Nackens unters Messer musste, fehlte es nie an Freunden, für die es ein Vorrecht war, zu helfen. „Gib und es wird dir gegeben", sagte Jesus einmal. Moni wurde auch auf andere Weise „gegeben". Eine Erziehung ohne Vater tat den Schulleistungen der Töchter keinen Abbruch. Beide verbuchten ein stolzes Einser-Abi und gewannen Stipendien für ihr Studium.

Ein Happy-End funktioniert manchmal etwas anders, als wir es planen oder wünschen. Eine Sache fehlte Moni noch: Frieden mit ihrem ehemaligen Mann. In ihrem Bemühen um Befreiung von den qualvollen Schmerzen ihrer fortschreitenden Rheumakrankheit besuchte sie einmal einen Heilungsgottesdienst und ließ für sich beten. Sie kehrte ohne das ersehnte Wunder heim, dafür mit ganz anderen Gedanken im Kopf: der klaren Aufforderung von Gott, ihrem Mann zu vergeben und jeden Groll vergangener Enttäuschungen loszulassen. Ein starkes Stück. Sie setzte sich aber mit ihm in Verbindung. Er hatte schwere Zeiten durchgemacht. Die Beziehung wurde daraufhin freundschaftlich und entspannt, sodass er alle zwei Wochen bei seinen drei Damen zum Essen eingeladen wurde.

„Ein Vater der Waisen und ein Richter der Witwen ist Gott in seiner heiligen Wohnung" (Psalm 68,6). In einer Zeit, in der gesellschaftliche und ideologische Trends immer mehr Familien in die Brüche treiben, gewinnt diese Verheißung zunehmend an Kraft.

Zum Nachdenken:

- *Ist mein Haus ein Haus, in dem Einsame „wohnen" dürfen?*
- *Wie gehe ich mit meinen eigenen Zeiten der Einsamkeit um? Bemitleide ich mich selbst oder mache ich mich auf die Suche nach Menschen, denen ich ein Segen sein kann?*

3. Die Schulzeit winkt

Loslassen

... indem ihr alle eure Sorge auf ihn werft!
Denn er ist besorgt für euch.

1. PETRUS 5,7

Es war eine herzzerreißende Trennung. Eine Nase und zwei kleine verschwitzte Hände waren gegen die Innenscheibe des Schulbusses gepresst. Große Augen, eine zitternde Oberlippe, die einen Tränenanfall ankündigte. Schüchterne Kinder waren nicht im Trend, als wir unsere älteste Tochter einschulten. Sie war das klassische Rockzipfelkind. Alle anderen ABC-Schützen hievten ihren nagelneuen Schulranzen stolz auf ihre Schulter, sprangen freudig in den Bus und schenkten ihren Eltern kaum Beachtung. Meine Tochter hatte sich an mich geklammert, als ob Leib und Leben davon abhängen würden. Andere Eltern schauten mitleidsvoll zu.

Alle Mutterinstinkte, die ich besaß, liefen Amok. Ich wollte in mein Auto springen, dem Schulbus nacheilen, meine Tochter auf Schritt und Tritt durch den Ernst des Lebens begleiten, auf Händen tragen, umsorgen, den Schulranzen bis zu ihrem Tisch im Klassenzimmer für sie tragen und dafür sorgen, dass ihre Schnürsenkel ja richtig zugebunden waren.

Es war der längste Vormittag meines Lebens. Becher um Becher Kaffee kippte ich in mich hinein, während ich jede Minute auf die Uhr blickte. Meine Fantasie spielte mir Streiche. Ob sie die Busfahrt überstanden hätte? An der richtigen Stelle ausgestiegen sei? Nicht irgendwo verloren gegangen, tot in einem Straßengraben liegend – und keiner hätte es gemerkt?

Ich stand eine halbe Stunde zu früh an der Bushaltestelle, lief rastlos hin und her, zuckte bei jedem Motorgeräusch zusammen.

„Hallo, Mama! Da bist du endlich!"

Sie trug zwei riesige bekritzelte Papierbögen stolz vor sich her. Ich hatte das Kind vor lauter Kunstwerken kaum gesehen.

„Mama, ich gehe morgen wirklich wieder hin, oder?"

Mein Mann wies mich trocken und sachlich darauf hin, dass ein derartig theatralischer Nervenzusammenbruch bei jeder Trennung – und das bei vier Kindern – meine Lebenserwartung im Nu drastisch senken würde. Ein paar gedankliche Änderungen waren angesagt.

Immer wieder musste ich mich selber daran erinnern: Nicht die Busfahrt zur Schule oder der Gang zum Klassenzimmer stellen die größte Gefahr für die Entwicklung meines Kindes dar, sondern die besitzergreifende Kontrollmutter im Nacken.

Es standen uns Trennungen bevor, die schwieriger waren als die des ersten Schultags. Die ersten Flüge alleine ins Ausland. Das wutentbrannte Zuschlagen der Haustür nach einem Streit. Selbstanklage, Reue, Vorwürfe.

Außerdem haben Kinder ihre eigenen Wege, mit übertriebenen mütterlichen Sorgen abzurechnen. Lange nachdem der Schulalltag in unserer Familie Routine geworden war, bekam ich eines Tages eine SMS von unserem Sohn Daniel. Die Kurzbotschaft lautete: „Führerschein geschafft. 15 Punkte in Englisch." Weder von der Fahr- noch von der Englischprüfung hatten wir etwas gewusst.

„Papa hätte es verkraftet, aber du hättest genörgelt und dir den ganzen Vormittag Sorgen gemacht", lautete die knappe Erklärung. Ich schluckte. Tja, selber schuld.

Auf vielen Seiten in der Bibel finden wir Geschichten des Loslassens. In Umständen, die genauso emotional geladen waren wie die, in denen wir uns befinden. Als Rebekka sich von ihrem geliebten Jakob in einer dramatischen Nacht-und-Nebel-Aktion verabschiedete (1. Mose 27,43), gab es keine Mobiltelefone, um sich kurz zu versichern, dass der Sohn gut angekommen war. Der im Exil lebende Mordechai wird manch eine Nacht durchwacht haben, nachdem er seine Pflegetochter Ester als Billigfutter für eine König-sucht-Braut-Castingshow ohne Rückfahrkarte in die Hände der heidnischen Palastbeamten geben musste (Esther 2,8). Hannas Sohn war kaum aus den Windeln heraus, als seine Mutter einen kleinen Koffer packte und – treu ihrem Versprechen, das langersehnte Kind dem Herrn zu weihen – ihren Samuel in die Stiftshütte nach Silo zurückbrachte (1. Samuel 1,24).

Selbst Jesus musste losgelassen werden. Und zwar von einer sonst sehr geistlich denkenden Mutter, die eine Panikattacke hatte, als ihr Sohn sein bürgerliches Leben gegen die unstete Existenz eines Wanderpredigers tauschte (Markus 3,32).

Manch ein herzzerreißendes Schluchzen ist zwischen den Zeilen dieser nüchtern erzählten biblischen Geschichten zu vermuten. Vielleicht sind es die gleichen nagenden Sorgen und aufgewühlten Gefühle, die uns moderne Eltern überfallen, wenn es mit der Kindererziehung mühsam wird, wenn wir nichts mehr tun können als loslassen und das anvertraute Gut zurück in Gottes Hände legen.

Diese Geschichten liefern den Beweis dafür, dass dieses Gut in jenen Händen bestens aufgehoben ist. Wir dürfen alle Sorgen getrost auf ihn werfen, sollte es uns wieder mal schwerfallen, loszulassen.

Zum Nachdenken:

- *Welche Sorgen um meine Kinder soll ich „auf den Herrn werfen"?*
- *In welchen Bereichen versuche ich, zu viel zu kontrollieren, anstatt loszulassen?*

Kurzes Wort, langer Weg

Du hast mir die Schuld vergeben.

PSALM 32,5

Ein leichter Brandgeruch begrüßte mich an der Haustür. Im Haus herrschte eine gespenstische Stille. Ich hatte meine Tochter vom Klavierunterricht geholt, während mein Mann die Stellung zu Hause gehalten hatte.

„Wo sind die Jungs?", rief ich hoch ins Arbeitszimmer.
„Sie reflektieren gerade", antwortete mein Mann gelassen.
„Worüber?", rief ich zurück, in einer leichten Panik.
„Schau die Hecke an", kam fröhlich zurück, „aber keine Sorge, den Kindern ist nichts passiert!"

Ein kurzer Blick genügte, um das Ausmaß der stattgefundenen Katastrophe aufzunehmen. Ein schwarzes Loch klaffte in der Thujahecke, die unseren Garten von den Nachbarn trennte. Zwei Büsche fehlten. Die Jungs hatten „Pfadfinder" gespielt und Streichhölzer aus der Küche geholt, als Papa gerade am Telefon war. Zum Glück war der Nachbar von der anderen Seite mit der Regentonne angerückt, bevor die ganze Hecke abbrennen oder gar das ganze Haus samt Kindern zu Schutt und Asche zusammenfallen konnte.

Der Zimmerarrest mit Reflexionsübungen führte zum üblichen Ergebnis. Nein, meinten unsere Söhne, sie seien nicht schuld. „Papa hätte besser aufpassen sollen." Und: „Wir müssen für das Pfadfindercamp üben." Oder: „Blöde Nachbarn, ihre Hecke hätten sie woanders hinpflanzen können."

Später am Nachmittag legten zwei reumütige Jungs eine Pralinenschachtel mit einem Blumenstrauß vor die Haustür der Nachbarn, die erst abends aus dem Urlaub zurückkommen sollten. Auf einer Karte stand: „Liebe Nachbarn, wenn Sie zu Hause ankommen, werden Sie ein großes Loch in Ihrer Hecke vorfinden. Dies ist unsere Schuld. Es tut uns von Herzen leid und wir bitten um Verzeihung. Wir werden die Büsche so schnell wie möglich ersetzen. Ihre S. und D. Vollkommer."

Das ganze Prozedere hatte sage und schreibe zweieinhalb Stunden Überzeugungsarbeit gekostet, intensivste Begleitung eingeschlossen. Einsicht gewinnen (halbe Stunde), Pralinen kaufen (halbe Stunde), Text verfassen (halbe Stunde), nochmal Text verfassen (dieses Mal ohne Ausreden wie „wir haben aus Versehen...") und in schönster Schrift ins Reine schreiben (eine Stunde). Das Bewusstsein, dass beim nächsten Vorfall das ganze Spiel von vorne wieder losgehen würde, machte die Arbeit umso mühsamer. Verantwortung für Fehltritte zu übernehmen gehört leider nicht zu unserem menschlichen Erbgut. Unser Gedächtnis tut sich schwer damit, aus Fehlern zu lernen und Konsequenzen zu ziehen.

Warum ist das Verschieben von Schuld auf andere eine Kunst, die Kindern *nicht* beigebracht werden muss? Obwohl es ein enormes Maß an kreativer Intelligenz fordert? Kein Mensch muss ein Buch lesen oder ein Seminar besuchen, um zu lernen, wie man lügt, beneidet, lästert, Situationen und Menschen zum eigenen Vorteil manipuliert, Mitmenschen in einem schlechten und sich selber in einem guten Licht präsentiert. Auch die kleinsten Kinder sind dafür mit einem beeindruckenden Einfallsreichtum ausgestattet.

„Ich habe gesündigt", sagte einmal ein zerknirschter junger Mann, als er zu dem Vater zurückkehrte, den er so sehr verletzt hatte. Kein Komma, gefolgt von „aber ..." oder „wenn du nicht ..." oder „falls ich etwas falsch gemacht habe, könnte ..."

Kein Ausweichmanöver, um sein Gesicht zu bewahren, sein Image zu retten. Nicht ohne Grund musste der Junge seine Bußrede vorher proben. „Ich werde zu meinem Vater gehen und ihm sagen: Vater, ich habe mich gegen den Himmel versündigt und auch gegen dich. Ich bin es nicht mehr wert, dein Sohn genannt zu werden. Mach mich doch zu einem deiner Tagelöhner!" (Lukas 15,18-20).

Die Rede erwies sich als überflüssig. Kaum waren die ersten Worte gesprochen, da fiel der erleichterte Vater seinem Sohn um den Hals und küsste ihn inbrünstig. Das Angebot des Jungen, den Hof zu kehren, erwies sich ebenso als überflüssig. Stattdessen gab es Festkleider und ein gemästetes Kalb. Einladungen wurden in die ganze Gegend geschickt. So eine Rückkehr musste in großem Stil gefeiert werden.

Wenn man Schuld bekennt und bereut, öffnen sich Schleusen in beschwerten Seelen. Freude und Leichtigkeit fließen durch von Bitterkeit verkalkte Herzen. Versöhnung und Neuanfänge bringen festgefahrene Beziehungen wieder zum Leben. König David bezeugte: „Solang ich es verschwieg, waren meine Glieder matt, den ganzen Tag musste ich stöhnen. Da bekannte ich dir meine Sünde ... Und du hast mir die Schuld vergeben" (Psalm 32,3.5).

Zurück zur Hecke. Die Nachbarin bedankte sich abends mit einem breiten Grinsen im Gesicht für das nette Geschenk. „Schön, dass es heute noch solche gut erzogenen Kinder gibt!", strahlte sie. Ich beichtete ihr, dass diese Darstellung kindlicher Tugendhaftigkeit nicht ohne erheblichen Aufwand passiert sei.

Der lange Weg zum kurzen Wort „Sorry" lohnt sich. Wir treffen dadurch einen Nerv Gottes. Denn „den Demütigen gibt er Gnade" (Sprüche 3,34).

Zum Nachdenken:

- *Habe ich das Bekennen von Schuld und die Bitte um Vergebung (bei Gott wie auch bei meinen Nächsten) zu einer Gewohnheit in meinem Leben gemacht?*
- *Wie kann ich meinen Kindern dieses wichtige Prinzip weitergeben?*

„Ich habe eine gefährliche Mutter"

Und siehe, ich bin bei euch alle Tage.
MATTHÄUS 28,20

Sie bewegte sich mit Zuversicht durch ihr kleines Universum, wusste sofort die Freiräume zu nutzen, die sie im Durcheinander eines Großfamilienalltags entdeckte, und wickelte uns alle um ihren kleinen Finger. Typisches Nesthäkchen eben. Sie war das Kind, für das wir uns, Gott sei Dank, doch noch mal entschieden hatten, nachdem wir unsere Babystrampler nach Afrika geschickt und den Kinderwagen dem Roten Kreuz gespendet hatten. Von Helmuts Traum von einer Fußballmannschaft mit elf Sprösslingen hatten wir uns verabschiedet. Aber mit „nur" drei Kindern fühlten wir uns nicht vollständig. Vier schienen ein guter Kompromiss zu sein. Mit etwas Wehmut kosteten wir die Freuden der frisch gebackenen Elternschaft ein viertes und letztes Mal in vollen Zügen aus, bedeckten Jessicas Gesicht mit Küssen beim Aufwachen, kitzelten ihren Bauch vor dem Zubettgehen, bewunderten die Grübchen und knipsten um die Wette Babybilder.

Immerhin tat sie uns den Gefallen, als einziges unserer Kinder normal auf die Welt zu kommen. Kein Kaiserschnitt mit Blaulicht in der 28. Woche wie bei Debbie, keine künstlich eingeleitete Geburtsqual wie bei Stefan, keine Sturzgeburt fast im Auto wie bei Daniel. Beim vierten Mal bekamen wir es ordentlich hin. Rechtzeitig ins Krankenhaus, schnell und unkompliziert.

Manches hatte sich in unseren Tagesritualen bis dahin verändert. Wie man einen neugeborenen Säugling in der Babywanne mit den richtigen Handgriffen einseift, wussten wir nicht mehr. Das Heft dazu war längst im Altpapier verschwunden. Unseren Ökofimmel mit Stoffwindeln hatten wir abgeschüttelt, es gab nur noch Einmalwindeln. Breigläser ersetzten die von Hand pürierten Bio-Möhren der ersten Babyrunden.

Inzwischen steckten wir als typische Pastorenfamilie bis über beide Ohren in Gemeindearbeit und standen oft am Rande eines Totalzusammenbruchs – stundenlang am Telefon oder in Beratungen beschäftigt oder im Terminwald unterwegs. Die älteren Geschwister übernahmen die Rolle der Aufpasser. Ein schrilles Gebrüll, das man kilometerweit hören konnte, schlug Alarm, falls etwas schiefging. Einmal fand ich Jessica nach langer Suche vergnügt im Ladeteil des Spielzeuglasters, mit dem ihre Brüder Wettrennen veranstalteten. Ein riesiger Stoffteddy saß im anderen. Manchmal vergaßen wir, sie ins Bett zu bringen. Sie wusste, wenn sie ab 18:00 Uhr unauffällig im allgemeinen Treiben ihrer Geschwister untergeht, dann übersehen wir sie.

„In ihrem Alter durfte ich nicht alleine vom Schulbus nach Hause laufen." Die meisten von Debbies Sätzen fingen inzwischen mit den Worten „In ihrem Alter durfte ich nicht ..." an. „Aber du hast nie gefragt!", entgegnete ich. „Ja, aber ich wusste nicht, dass ich das dürfen darf", schoss sie zurück. Alleine vom Bus zurücklaufen galt wohl als ultimatives Merkmal des Erwachsenseins. Und ich war schon wieder nicht rechtzeitig informiert worden. Pech gehabt. Wir machten einen Kompromiss. Jessica durfte vom Bus alleine loslaufen, ich würde sie auf halber Strecke treffen und sie nach Hause begleiten. Die Straße hatte einen breiten Gehweg und war in der Nähe eines Kindergartens. Debbie rümpfte die Nase, war aber zufrieden.

Treu unserer Abmachung lief ich zur verordneten Zeit los und hielt nach meiner Tochter Ausschau. Plötzlich erschien aus dem Nichts der Albtraum jeder Mutter: drei lange, gelenkige, Zigaretten rauchende Jungs, richtige Muskelpakete, die schnurstracks Richtung Bushaltestelle marschierten, direkt auf eine kleine einsame Figur zu, die gerade aus dem Bus ausgestiegen und aus der Ferne eindeutig als Jessica zu erkennen war. Sie hielten an. Ich drehte innerlich durch. Ja keine Panik, ja nicht rennen! Bilder von entführten Kindern schossen durch meinen Kopf, von Pädophilen, die gerade solche Bushaltestellen belauern.

Als ich noch in weiter Ferne war, drehten sich die Jungs um und liefen davon.

„Was ist bloß mit dir los?", fragte Jessica, als ich sie atemlos und erleichtert in meine Arme schloss und ihr Gesicht mit Küssen bedeckte.

„Alles in Ordnung, Schatz?", hechelte ich.

„Ja klar, warum nicht?", wunderte sie sich.

„Was hast du mit den großen Jungs besprochen?"

„Ach, die Jungs. Sie wollten nur wissen, ob ich alleine bin. Ich erzählte ihnen, dass ich eine Mutter habe, die ganz schön gefährlich sein kann und jederzeit auftauchen wird, und dass sie sich besser aus dem Staub machen sollen."

Es dauerte eine Weile, bis ich meine traumatisierten Gedanken ordnen und endlich schmunzeln konnte. Ohne es zu wissen, hatte meine Tochter mir etwas Wichtiges über die Liebe Gottes beigebracht. Auch ich als Kind Gottes habe in ihm einen Vater, der ganz schön gefährlich werden kann – wachend, beobachtend, irgendwo im Hintergrund auf der Lauer. So ein Kind kann sich in der Tat sehr zuversichtlich in seinem kleinen Universum bewegen. Er ist bei mir und auch bei meinen Kindern, alle Tage.

Zum Nachdenken:

- *In welchen aktuellen Umständen meines Lebens darf ich mit der Hilfe eines himmlischen Vaters rechnen, der versprochen hat, immer bei mir zu sein?*
- *Wie kann ich dafür sorgen, dass meine Kinder sich in ihrem Universum sicher und zuversichtlich bewegen?*

Gottes Festtafel

Auf, ihr Durstigen, alle, kommt zum Wasser! Und die ihr kein Geld habt, kommt, kauft und esst!
Jesaja 55,1

Kein Großfamilienalltag ist vollständig ohne Dickkopfmomente, in denen ein Kind seinen wohlwollenden Eltern das Gefühl vermittelt, sie seien Rabeneltern der schlimmsten Sorte.

Bei Daniel ahnte man schon im Anfangsstadium eines bevorstehenden Sturms, was auf einen zukommen würde. Immerhin. Dadurch hatte man Zeit, alle Leuchten auf Rot zu stellen, sich zu wappnen, und in Deckung zu gehen. Spätestens wenn sich seine Stirn leicht zusammenzog und senkte und ein bedrohlicher, die Lage abschätzender Blick aus seinen Augen flackerte, bestand kein Zweifel mehr: Etwas braute sich zusammen. Daniel war in dieser Hinsicht Meister seines Faches. Es war seine späte Vergeltung dafür, dass er als Baby unkompliziert und vergnügt gewesen war.

Kindergeburtstag war angesagt, und fünf oder sechs kleine Mitglieder der Konsumgeneration waren im Anmarsch. Unterhaltung vom Feinsten stand auf dem Programm. Eine Torte vom Bäcker, Fußball auf dem Spielplatz und ein Asterix-Video bei Chips und Cola, um den Spaß abzurunden. Schon im Vorfeld stellte ich mich auf die üblichen Klagen ein – etwa, dass Moritz einen Fußballkuchen bekommen, Emilie ihren Geburtstag im Kino mit Prinzessinnen-Attrappen gefeiert und Felix eine neue Playstation bei seinem Geburtstag vorgeführt habe. Wie sehr ich Kindergeburtstage hasste. Das wussten meine Kinder auch.

Dieses Jahr zog Daniel sein gesamtes Register. Die Fischstäbchen zum Mittagessen waren für ihn der Gipfel der elterlichen Grausamkeit. Er weigerte sich zu essen, und alles Weitere nahm, einer geübten Choreographie gleich, seinen Gang. *Nein, du kriegst kein Eis als Ersatz für die verpönten Fischstäbchen.* Wutanfall, Türknallen, ab ins Zimmer, eine halbe Stunde Auszeit. Sogar Daniel würde wohl zu seinem Kindergeburtstag wieder erscheinen.

Der kurze Austausch mit ihm war kühl, distanziert, nüchtern. Nein, er wolle keine Geschenke. Nein, er würde zum Geburtstag nicht kommen. Was ich mit seinen Gästen machen soll?

„Ist mir doch egal."

Sie wieder auszuladen, dafür war es zu spät.

Und so wurde dieser Tag zum Kindergeburtstag ohne das Geburtstagskind. Als Mutter lernt man schnell, öffentliche Blamagen souverän zu überspielen. Sich so zu verhalten, als ob es normal sei – der neueste Trend, sozusagen – dass ein Kind zu seinem eigenen Geburtstag nicht erscheint. Den kleinen Gästen schien es nicht viel auszumachen, durften sie immerhin ihre Geschenke für sich behalten. Wir aßen Torte, spielten Fußball, schauten Asterix und verabschiedeten uns. Irgendwann lichteten sich die Wolken wieder und Daniel redete wieder mit mir. Ich atmete auf, unsere Beziehung war noch intakt.

Bei Festen dabei sein oder nicht – das war bei Jesus ein Lieblingsthema. Feste bildeten die Kulisse vieler seiner Gleichnisse. Mal ging es um Sitzordnungen: um den Gast, der gerne zur Elite gehören wollte, sich zu den Ehrengästen setzte und fortgeschickt wurde. Mal um den Gast, der die Kleiderordnung nicht einhielt. Bei einem Fest tauchten die geladenen Gäste erst gar nicht auf, sie hatten Wichtigeres zu tun. Ein Ehrengast stand missmutig an der Tür, während im Festsaal der Sohn gefeiert wurde, der nach Hause zurückgekehrt war.

Gottes wichtigste Verabredungen mit seinem Volk fanden schon im Alten Testament an gedeckten Tischen mit Musikbegleitung statt. Feiern war keine Option, es war ein Befehl. David schrieb von einer Festtafel, die für das Kind Gottes „im Angesicht seiner Feinde" von Gott persönlich gedeckt wird. Jesus wurde seinerzeit vorgeworfen, einen für rabbinische Verhältnisse ausgeprägten Geschmack für Schlemmereien zu haben. Die Pharisäer fühlten sich fehl am Platz in einem Gottesreich, das um Tische herum und nicht auf kalten Kirchenbänken gebaut wurde. In einem Reich, das seine tiefste Symbolik in einem geteilten Abendmahl und nicht in erster Linie in einer vorgetragenen Liturgie fand.

Darüber hinaus erzählt uns die Bibel, dass das alles nichts mehr als eine Art Vorspeise vor dem Hauptgericht ist. Das Beste kommt noch. Denn jeder gedeckte Tisch im Wort Gottes ist eine Anspielung auf das Fest aller Feste, in das alles einmündet: Das Fest, das kein Ende haben wird. In Jesaja 25,6 erzählt der Prophet von „den feinsten Speisen, mit besten, erlesenen Weinen", die am Tisch Gottes serviert werden. Johannes, engster Freund von Jesus auf Erden, greift diese Vision am Ende der Bibel wieder auf und beschreibt in Offenbarung 19,9 „das Hochzeitsmahl des Lammes": „Glückselig, die eingeladen sind!"

Eine Platzkarte – handangefertigt vom Gastgeber – steht für jeden bereit, der in diesem Leben schon die Einladung „Auf, ihr Durstigen!" (Jesaja 55,1) erhalten und angenommen hat. Ab und zu findet ein Hauch Festatmosphäre seinen Weg in unsern Alltag hier auf Erden, und die Vorfreude wird wach.

Im Gewühle des Alltags fühlen wir uns nicht immer wie Ehrengäste beim besten Gastgeber aller Zeiten. Gott lädt uns aber jetzt schon ein, uns von unseren Schmollecken zu verabschieden und unser Leben im Licht der Himmelsfreuden zu führen!

Zum Nachdenken:

- *Habe ich Gottes Einladung zu seiner Festtafel dankbar angenommen?*
- *Inwiefern bin ich dabei zu lernen, mich in seiner Nähe an seinem Wort zu „speisen" und meine Seele an seiner Liebe zu sättigen?*

Gott sperrt sich aus

Deshalb denkt daran, dass ihr zu jener Zeit ohne Christus wart, ausgeschlossen vom Bürgerrecht Israels und Fremdlinge hinsichtlich der Bündnisse der Verheißung; und ihr hattet keine Hoffnung und wart ohne Gott in der Welt.

Epheser 2,11-12

„Geh auf dein Zimmer, und zwar sofort!"

Man kann moderne Kuschelpädagogik drehen und wenden, wie man will: Es gibt Momente, in denen man ein Kind aus dem Verkehr ziehen muss – nicht nur um das Kind, sondern auch um sich selber vor einem Ausrutscher zu schützen, den man nachher bereut. Meine Mutter, die beste aller Mütter, gab freizügig zu, dass sie die Leute verstehen kann, die ihr schreiendes Kind am liebsten an die Wand klatschen würden.

Den ersten Zimmerarrest der Weltgeschichte gab es gleich am Anfang. Der Mensch hatte sich aus freien Stücken für die Unabhängigkeit von Gott entschieden und wurde daraufhin aufgefordert, den Garten zu verlassen, dessen Schönheit und Harmonie auf eben diese Gottesabhängigkeit angewiesen war. Ein gnadenloser Ausschluss. Das soll ein Vater sein, der sich als barmherzig bezeichnet? Das heißt, bis man das nächste Kapitel liest und mit Überraschung feststellt, dass sie auf der anderen Seite des Tors zu dritt sind. Gott hat sich selber mit ausgesperrt, er fängt seine abtrünnigen Kinder in der Verbannung auf, mischt sich ein und fängt an, mit ihnen Geschichte zu schreiben. Zuvor hat er Kleider für sie genäht. Erstaunlich, wie praktisch und fürsorglich er denkt.

Das traurige Drama im Garten Eden erleben wir Eltern im Kleinformat täglich in unseren Familien: das Versteckspiel („Wo bist du, Adam?") und die Verblendung, die es dem Täter schwer macht, seine Tat einzugestehen; das Vergib-uns-unsere-Schuld-Gebet, das in Seelen, die sich ihrer Schuld nicht bewusst sind, keine Resonanz findet. Was wir anderen antun, wollen wir nicht wissen. Was uns angetan wird, ist eine Katastrophe. In der Opferrolle erkennen wir sehr wohl die Tragweite menschlicher Schuld. Leider an der falschen Stelle.

Dennoch: Gott lässt nicht locker. Eine unlogische, hirnrissige Liebe, der kein Aufwand zu groß ist, um ein verlorenes Kind nach Hause zu bringen. Er verlässt seine himmlische Heimat, reist in die tiefsten Abgründe dieser blutgetränkten Weltgeschichte hinein und wirft sich zwischen die Fronten, um eine Rettung zu ermöglichen, für die ihm wenige danken werden. Der Hirte, der die 99 gut geratenen Schafe verlässt, um das eine rebellische zu suchen. Der Vater, der Tag für Tag auf seine Dachterrasse steigt, hoffend und bangend, bis der abtrünnige Sohn zurückkehrt. Wie im Film „Findet Nemo" – nur mit kosmischen Dimensionen. Er lässt den Rebellen ziehen, weil er nicht anders kann und zieht ihm aber nach. Irrationaler geht es nicht.

Einen Hauch dieser Vaterliebe hat er in jedes Elternherz hineingegeben. Mein Vater hasste es, uns heulend auf unser Zimmer zu schicken. Es dauerte kaum eine Minute, bis er da war, sich auf die Bettkante setzte, uns seine Liebe zusicherte und uns etwas zu trinken brachte. Meine Mutter fragte ihn verärgert, ob es sich hier um eine Strafe oder um eine Belohnung handelt.

Diese Achterbahn der Gefühle ist mir als Mutter mehr als vertraut. Ich fühle mich hundeelend, wenn sich ein Kind von mir zurückgezogen hat, bin innerlich aufgewühlt, trinke literweise Tee, warte und hoffe, bis das Kind von alleine kommt. Letztlich schleppe ich mich die Treppe hoch zu seinem Zimmer und bin untröstlich, wenn auf mein Angebot, „Willst du jetzt nicht reden?", keine Antwort kommt.

In diesem Ringen komme ich mir manchmal vor, als ob ich in einem Hamsterrad gefangen bin: Ich drehe mich im Kreis, inkonsequent, emotional. Ich wünsche, es gäbe irgendeinen pädagogischen Mechanismus, der einen störrischen kleinen Kopf, der sich verrannt hat, zur Einsicht bewegen kann. Die Bibel lässt uns aber nicht ohne Hoffnung: „Weißt (du) nicht, dass die Güte Gottes dich zur Buße leitet?" (Römer 2,4). Wenn es eine Kraft gibt, die den hartnäckigen Spieß der Unbelehrbarkeit umdrehen und ein Kind zum Reflektieren bringen kann, dann ist es der Herzschlag eines fürsorglichen Vaters oder einer liebenden Mutter.

Der erste Mensch versprach sich durch seine Unabhängigkeit von Gott Freiheit. Er bekam genau das Gegenteil. Anstelle von der Befreiung aus äußeren Zwängen und der Freiheit zu tun, was er wollte, fand er sich in neuen Zwängen mit Namen wie Selbstsucht, Rechthaberei, Habgier, Neid, Einsamkeit. Er erhielt aber auch die Einladung, aus der Verbannung an den Familienherd zurückzukehren, auch mitten in einer sündhaften Welt so zu werden, wie Gott ihn haben wollte. Welch besseres Trainingsfeld gibt es dafür als die Familie? Welch bessere Mentoren als Eltern, die sich selber von Gott verändern lassen? Von einem Gott, der sich in seiner Heiligkeit gezwungen sah, seinen Kindern einen ernsthaften Zimmerarrest zu verpassen und sie in die Verbannung zu schicken, ihnen in seiner Liebe aber nachlief und so lange nicht locker ließ, bis er ihnen den Weg zurück ins Paradies frei gemacht hatte.

Zum Nachdenken:

- *Hab ich den Ernst der Sünde und der „Aussperrung aus dem Paradies" für mein Leben erkannt?*
- *Habe ich die Sündenvergebung und Gottes Einladung in seine Familie hinein von ganzem Herzen angenommen?*

Ich und mein Haus

Ich und mein Haus, wir wollen dem Herrn dienen.
JOSUA 24,15

„Ich und mein Haus, wir wollen dem Herrn dienen." Ohne die geringste Spur von Müdigkeit verkündete Josua noch kurz vor seinem Tod in aller Öffentlichkeit den Leitspruch seines Lebens. Die anderen Götter hatte er hautnah erlebt. Das besoffene Treiben um das goldene Kalb herum. Die frommen Machtkämpfe der Söhne Korachs. Die Grausamkeit des Götzen Moloch, dem man Kinder opferte. Aber auch ein anderes Vorbild hatte er vor Augen: Das Vorbild eines Mose, der sich lieber als alles andere in der Stiftshütte in der Nähe Gottes aufhielt. Mose selber war nicht bewusst, wie sehr ihm die Ergriffenheit von Gott aus dem Gesicht leuchtete (2. Mose 34,35). Vielleicht ist das der Grund, warum wir auch von Josua lesen, er „wich nicht von der Stiftshütte" (2. Mose 33,19)?

Hatte sein Beschluss, sein Leben und das seiner Familie in den Dienst Gottes zu stellen, ihren Ursprung in einer lebensverändernden Begegnung in diesem Zelt Gottes?

Auch heute stellt Gott gerne Zelte auf. Überall dort, wo er ernsthaft gesucht wird, gibt es „Landeplätze" für die gleiche Herrlichkeit, die das Leben eines Mose und eines Josuas damals in der Stiftshütte prägte. In der Zeit der ersten Gemeinde kamen ganze Haushalte zum Glauben und ließen sich taufen – nicht weil ihnen mit dem patriarchalischen Zwang eines Familienoberhauptes eine neue Religion aufgedrückt wurde, sondern weil die Bekehrung eines einzelnen Familienmitgliedes eine ansteckende Kraft hatte. „Sie erkannten, dass sie mit Jesus gewesen waren" (Apostelgeschichte 4,14).

Auch unsere Familien dürfen „Stiftshütten" sein, in denen ein kleiner Strahl von Gottes Herrlichkeit eingefangen wird. Nicht in der kalkulierten Hoffnung, für uns und unsere Lieben Gewinn davon zu haben, sondern um mitten in einer verwahrlosten Welt Heimweh nach einem himmlischen Vater zu wecken. Petrus wollte auf dem Berg „Hütten" bauen, um die Nähe Gottes fernab der Menschenmengen festzuhalten. Jesus schickte ihn jedoch wieder hinunter ins Tal, wo ein schwerkranker Junge auf Hilfe wartete.

Manchmal sieht die Herrlichkeit Gottes unscheinbar aus und fühlt sich wie harte Arbeit an. Auch auf uns warten viele „schwer kranke" Menschen – seelisch, geistlich, körperlich. Wir müssen keine schlagzeilenverdächtigen Heldentaten vollbringen. Es kann das Angebot an die alleinerziehende Mutter sein, ihre Tochter nach der Schule zu uns zu nehmen und mit ihr zusammen ihre Hausaufgaben zu machen. Oder die übermüdeten Nachbarn in einen freien Abend zu entlassen und auf ihre Kinder aufzupassen. Ein offenes Haus zu haben, in dem Besucher willkommen sind, auch wenn das Wohnzimmer nicht tiptop aufgeräumt ist und keine frische Torte auf dem Tisch steht.

Weltretter können wir nicht sein. Aber wir können in einem kleinen Teil unserer Welt einen Unterschied machen. Große Redekünste, eine Garderobe aus Edelholz, Sporttrophäen auf dem Regal oder gute Argumente für die Authentizität der Auferstehung Jesu sind dazu nicht nötig. Wir müssen nicht beweisen, dass unser Glaube der einzig wahre ist. Wir können aber sehr wohl Menschenherzen mit diesem Glauben berühren. Und gerade damit treffen wir den Herzschlag Gottes, der es sich zur Aufgabe macht, Heimat für die Heimatlosen, Arzt für die Kranken, Familie für die Waisen zu sein.

„ ... dass mein Haus voll werde" (Lukas 14,23) lautete sein Mandat, als er seine Diener an die Hecken und Zäune entsandte, um nach Gästen für sein Fest zu suchen. Mein Gebet für meine Familie und alle Familien, die von der Liebe des lebendigen Gottes ergriffen sind, ist, dass Not leidende Menschen an unserem Familientisch „schmecken und sehen dürfen, wie freundlich der Herr ist" (Psalm 34,9). Denn das Vorhaben: „Ich und mein Haus, wir wollen dem Herrn dienen", hat nicht mit trockener Pflichterfüllung, sondern mit einem Festmahl zu tun.

Zum Nachdenken:

- *Welche Möglichkeiten habe ich in meinem direkten Umfeld, mit meinem Haus „dem Herrn zu dienen"?*
- *Wie kann ich mehr Freude und Festmahlstimmung in mein Haus bringen?*

Was sind deine Hobbys?

Alles, was immer deine Hand zu tun findet, das tu in deiner Kraft!
Prediger 9,10

Ich sammelte Briefmarken, weil mein Vater Briefmarken sammelte. Mitten in der Buschlandschaft Nigerias fand unsere kindliche Kreativität hauptsächlich im Spiel auf Bäumen, in Pfützen und in Sandkästen ihr Ventil. Wenn wir nicht draußen spielten, dann ordneten wir die Briefmarken, die unser Vater von seinem Büro nach Hause brachte. Ob wir dazu Lust hatten, wurde nie gefragt, noch kamen wir auf die Idee, uns zu wehren. Wir waren weniger am Konterfei der Queen oder der tropischen Blumenserie auf den Südafrikamarken interessiert als an der Gemeinschaft mit unserem Papa. Nebenher lernten wir aber eine Menge. Wir wussten, wo Mikronesien war, welche Papageien den Kongo bevölkerten und warum es zwei Deutschlands gab.

Ich hätte mir von der ungezwungen und ansteckenden Natürlichkeit meines Vaters, uns in seine Liebe für Briefmarken hineinzunehmen, besser eine Scheibe abschneiden sollen, bevor ich mit Verbissenheit versuchte, aus meinen Söhnen musikalische Genies zu machen. Anders als meinem Vater ging es mir nicht um Gemeinschaft, sondern um Leistungsförderung. Mama spielte Klavier, Schwester spielte Klavier, Söhne sollten auch Klavier spielen. Für mich logisch. Für sie nicht. Stefan machte aus der Klaviertastatur einen Parkplatz für seine Spielautos. Daniel saß mit verschränkten Armen vor dem Instrument und grummelte vor sich hin. Irgendwann gab ich resigniert auf. Eines Tages schälte ich Gemüse in der Küche. Stefan half mit und wir plauderten miteinander. Plötzlich marschierte er mit zwei Kochtöpfen ins Wohnzimmer und fing an, ein Schlagzeugset zu bauen. Duplosteine als Halter für die Trommel, Kochlöffel als Schlagstöcke. Ich schaute fasziniert zu. Ich war gerade Zeugin des Anfangs seiner leidenschaftlichen musikalischen Laufbahn.

Bei Daniel ging es nicht so schnell. Er torkelte von einem Instrument zum nächsten und verkündete auf einmal, er wolle Gesangsunterricht nehmen. Es gab nichts, was weniger zu ihm passte. Chöre hatte er sein Leben lang verpönt, Lobpreis im Gottesdienst ließ ihn kalt. Es erwies sich aber als Glücksgriff. Viele Jungs verlieren ihre Stimme nach dem Stimmbruch. Daniel dagegen fand seine und sein Gesang brachte Eisberge zum Schmelzen. Mein musikalisches Gen hatten meine Jungs sehr wohl geerbt. Es hatte sich lediglich (in der männlichen Variante) in eine andere Richtung entwickelt und sich mit Sport leicht vermischt. Alles, was ich machen musste, um sie zu „fördern", war, sie liebzuhaben, zu ermutigen, und ihnen nicht zu viel im Weg zu stehen.

Nachdem ich meine Versuche aufgegeben hatte, meinen Nachwuchs für den globalen Wettbewerb konkurrenzfähig zu machen, entdeckte ich, dass Kinder eine natürliche Neugierde besitzen, die nichts anderes als Luft zum Atmen und die Begleitung fester Bezugspersonen braucht. Wenn Eltern lebenslustige Weggenossen sind, werden es ihre Kinder in aller Regel auch sein. Die besten Werkzeuge dazu sind Bücher, Tannenzapfen, Knete, Papier, Scheren und Stifte. Weniger Lernprogramme und Hightech-Spielsachen, mehr Spaziergänge im Wald. Lachen und plaudern dabei. Viel Gemeinschaft mit Gleichgesinnten, ein reges Gemeindeleben, ein offenes Haus. Böden, die dreckig werden, Tische, die Kratzer bekommen dürfen.

„Hinter dem Mond" zu leben, wie uns aufgrund der Einfachheit unseres Lebens vorgeworfen wurde, hatte durchaus seine Vorteile und rüstete unsere Kinder nicht schlecht für die Erde aus. Und uns sparte es eine Menge vom Zeitgeist-Stress. Unsere Kinder, wie auch ihre Freunde, entwickelten Kompetenzen – soziale, kreative, sportliche, organisatorische –, für die manche moderne Eltern eine Menge Geld ausgeben.

Ein Stich geht mir durchs Herz, wenn ich Jugendliche ab und zu nach ihren Hobbys frage. Standardantwort der Mädchen: shoppen, chatten, flirten und mit Freundinnen ausgehen. Bei den Jungs: Computer spielen. Reiten, Fußball, Musik machen, basteln – das kommt weniger vor. Hobbys wie Stricken, Häkeln oder Briefmarken sammeln, lösen Lachsalven aus. Schade.

König Salomo, Favorit unter den Lifestyle-Profis seiner Zeit, sagte einmal: „Alles, was immer deine Hand zu tun findet, das tu in deiner Kraft!" (Prediger 9,10). Selber lebte er sein Credo in aller Konsequenz aus. Er war nicht nur Liedermacher und Dichter (1. Könige 5,12), sondern auch Architekt, Landschaftsgärtner und nebenher König eines riesigen Imperiums. Die legendäre Superfrau, die er in Sprüche 31 beschreibt, war die weibliche Ausführung davon: handwerklich begabt (V.13), eine geschickte Betriebswirtin (V.14) mit Ahnung von Gastronomie (V.15) und Landwirtschaft (V.16), eine gute Mutter (V.28), dazu noch witzig (V.25), gesellig (V.26) und gütig (V.20).

Beide Vorbilder waren aber zuallererst Beziehungsmenschen. In seinen Sprüchen klärt Salomo uns nicht auf, wie er König, Millionär, Landwirt und Schriftsteller geworden ist, sondern wie man Gott und seinen Nächsten liebt. „Vertraue auf den Herrn mit deinem ganzen Herzen" (Sprüche 3,5) ist der Leitfaden seines Lebens. „Eine Frau, die den Herrn fürchtet, die soll man rühmen" – das ist sein abschließendes Urteil über seine Heldin in Sprüche 31. Diese Frau hat offensichtlich „alles, was ihre Hand zu tun fand", von ganzem Herzen getan!

Zum Nachdenken:

- *In welche meiner Aktivitäten kann ich meine Kinder mit einbeziehen, um Beziehungen zu bauen und das Miteinander zu genießen?*
- *Wie kann ich eine Atmosphäre zu Hause schaffen, in der meine Kinder sich entfalten und ihre Gaben entdecken?*

Was uns ein Garten lehrt

Und sie hörten die Stimme Gottes, des Herrn, der im Garten wandelte bei der Kühle des Tages.

1. Mose 3,8

Wie gut, dass Jesus mitten in die Welt der winselnden Kinder, der Hustenanfälle und der mit Krümeln übersäten Küchenböden hineingeplatzt ist. Wie gut, dass er nicht wartete, bis wir den Frühlings-Großputz gemacht hatten. Und wer mit offenen Augen durch die Schauplätze seines Familientreibens läuft, findet sie auch überall: Gottes Fußabdrücke. Mittendrin. Zum Beispiel im Garten.

Meine Liebe zum Gärtnern entdeckte ich erst als Mutter, und zwar zunächst beim täglichen Gang zum Spielplatz. Die schwäbischen Schrebergärten, die den Weg säumten, folgten ihren ganz eigenen festen Regeln. Sie waren der Inbegriff ästhetischer Präzision. Die Erde, fein und sauber, wie durch ein Sieb gedrückt. Salatsetzlinge, schnurgerade aufgereiht, wie mit einem Lineal abgemessen, alle gleich groß und mit der gleichen Anzahl Blätter. Selbst aus Gemüsegärten und Nutzpflanzen wurden Kunstwerke gemacht. Komposttonnen wie aus dem Bilderbuch, voll mit frischer, gesunder, pechschwarzer Erde. So vornehm, durchkämmt und sauber, dass man sie im Wohnzimmer stehen lassen könnte. So stellte ich mir mein Leben eigentlich vor: perfekt geordnet, berechenbar. Zu jeder Zeit wissend, wo ich den Tesafilm finde, wo die Buntstifte geblieben sind, dass der Kartoffelschäler an seinem Platz hängt und dass mein Mann daran denkt, den Müll rauszutragen. Daher ist Mutterschaft für den Kontrollfreak in mir manchmal ein Albtraum – nie hat man alles in Griff. Nicht mal seinen Garten.

Denn verglichen mit den makellosen Vierecken dieser Schrebergärten ist mein eigenes kleines Grundstück unförmig: eine Terrasse hinten, und ein schmaler Streifen an der Seite des Hauses. Lehmiger Boden, künstlich auf Haushöhe aufgeschüttet, Sträucher hier und da. Mehr Moos als Gras. Nur die zähesten Pflanzen überleben, die meisten davon haben Stacheln. Und das Unkraut eben. Das Ganze ist so strukturlos wie mein Leben selbst.

Aber auch dieser Garten erzählt seine Geschichten.

Eine ungeplante Tomatenpflanze erscheint plötzlich neben den Geranien, Kartoffeln wachsen überraschend im Kübel mit den Stiefmütterchen. Sie entstammen wohl dem Kompost unten in den Töpfen, der noch nicht richtig verrottet war.

Man erntet ja, was man sät – Zorn, Bitterkeit oder Sorgen. Denn auch das ist Saatgut, das in mir und meiner Familie irgendwann zu Pflanzen heranwächst, wenn es nicht rechtzeitig entfernt wird. Wie wichtig ist es, die Erde schon im Vorfeld gut zuzubereiten und zu pflegen!

Die Sträucher – Hibiskus, Forsythien, Berberitzen – wuchern und müssen immer wieder zurückgeschnitten werden. Das schmerzt, und die Pflanzen tun mir dabei leid. „Damit die Sonne euch besser bescheinen kann und ihr alle besser wachsen könnt", sage ich immer wieder beim Schneiden. Die gleichen Worte spreche ich meiner eigenen Seele zu. Auch da muss immer wieder zurückgeschnitten werden. „Jede (Rebe), die Frucht bringt, die reinigt er, dass sie mehr Frucht bringe" (Johannes 15,2). Launenhaftigkeit, Groll, Ärger. Die Sonne der Liebe Gottes muss freien Zugang bekommen und Wildwuchs entfernt werden, damit das Leben blühen kann.

Eine Daueraufgabe ist es außerdem, Steine und Unkraut zu entfernen. Auch die Seele profitiert von einem täglichen Säuberungsritual: raus mit den kleinen zickigen Gedanken, die bloß keine Wurzel schlagen dürfen, mit den giftigen Gelüsten oder Minderwertigkeitsgefühlen. Im Garten lerne ich außerdem, nicht zu hadern wegen der Sachen, die hier *nicht* wachsen oder in anderen Gärten besser wachsen, sondern mich an denen zu freuen, die ich habe.

Unkraut jäten allein reicht aber nicht. Immer wieder muss die Erde gedüngt werden. In trockenen Zeiten muss man täglich gießen. Nicht nur das Negative muss entsorgt, sondern das Positive muss genährt und gefördert werden. Was für ein schönes Bild für die Nahrung, die von Gottes Wort kommt: Nur wer zuerst das eigene Herz ernährt, kann die Umgebung miternähren.

Denn das Leben in unserer Seele – das, was wir Mütter ausstrahlen – ist letztlich das, was eine Familienkultur prägt.

Es muss nicht einmal ein richtiger Garten sein. Ein paar Töpfe oder Geranienkästen auf dem Balkon reichen, um genau die gleichen Geschichten erzählen zu können.

Dort kann man sich gut mit Gott verabreden. Die Natur ist ein lebendiges Bilderbuch, voller Erzählungen von seinem Wirken und seinem Wesen. Umgeben von solchen Kunstwerken ist es nicht schwer, dem Künstler nahe zu kommen.

Zum Nachdenken:

- *Wo habe ich Spuren der Nähe und des Redens Gottes mitten in meinem Alltag entdeckt?*
- *Wie kann ich eine Gewohnheit daraus machen, mitten in den Tagespflichten auf Gottes Stimme zu hören?*

Von Mücken und Kamelen

Ihr verzehntet die Minze und den Dill und den Kümmel und habt die wichtigeren Dinge ... beiseite gelassen ... Ihr blinden Führer, die ihr die Mücke seht, das Kamel aber verschluckt!
MATTHÄUS 23,24

Ab und zu gestatte ich mir ein Schmunzeln, wenn jemand meint, den Stein der Weisen in Sachen Erziehung entdeckt zu haben. Manchmal ertappe ich mich selber dabei.

Da waren etwa unsere Nachbarn, die veganes Essen für das alleinige Mittel zum ganzheitlichen Heil eines Kindes hielten. Im jungen Alter schon warfen ihre Kinder verächtliche Blicke um sich, wenn Spielkameraden Käsebrote mampften. Sie zum Kindergeburtstag einzuladen, war ein logistischer Albtraum, und als Nicht-Veganer kam man sich eindeutig minderwertig vor. Dann gab es die Familien, die Barbiepuppen für die ultimative Verwerflichkeit, Märchen für ein High-Speed-Ticket in den seelischen Abgrund und Fastfood für Gift für Leib, Seele und Geist hielten. In den Augen einer Familie aus unserem Kindergarten waren wir schon deswegen disqualifiziert, weil Eier von „unglücklichen" Hühnern bei uns im Kühlschrank lagerten.

Welche Regelungen brauchen wir, welche gehen zu weit? Auch zwischen den besten Familien gibt es Unterschiede. Es gab Filme, die unsere Kinder nicht sehen durften, Orte, an die sie nicht gehen durften. In dem Moment allerdings, in dem wir unseren Wert an äußeren Formen festmachen und auf diejenigen herabschauen, die es anders machen, werden wir nervig.

Gerade in diesem Spannungsfeld ergeben sich die lustigsten Widersprüche. Eine Familie war davon überzeugt, dass Walt-Disney-Filme schädlich sind. Während sie diese Gedanken einmal mit Nachdruck zum Besten gaben, warfen ihre Kinder, die mit am Tisch saßen, Wurstscheiben in der Gegend herum und klopften freche Sprüche, als sie ermahnt wurden. Den Eltern schien es nicht aufzufallen. Eine sehr prinzipientreue Mutter verbannte Schokoladen-Nikoläuse aus ihrem Haus. Böse Wesen aus der Unterwelt seien sie. Gleichzeitig stiftete sie mit Lügen, Lästereien und Intrigen in ihrem ganzen Freundeskreis Verwirrung. Ein superfrommer Familienvater ließ seine Kinder jeden Tag Bibelsprüche auswendig lernen, während er seine eingeschüchterte Frau mit öffentlicher Kritik demütigte und sie immer wieder hart anfuhr.

Ich vermute, dass keiner von uns davor gefeit ist, Sicherheit in Äußerlichkeiten zu suchen. Etwa, weil sie eine gewisse Überschaubarkeit oder messbare Ergebnisse bieten? Den Erziehungserfolg an den Bio-Hühnereiern auf dem Esstisch oder an der Abwesenheit von Nikoläusen und Märchen im Kinderzimmer festzumachen, ist einfacher, als über Höflichkeit, Anstand und Rücksicht zu diskutieren. Nebenher befreit es uns von der unangenehmen Pflicht, an unserem eigenen Charakter und Verhalten zu arbeiten. Ich vermute, dass unsere Bereitschaft, uns selber erziehen zu lassen, weitreichendere Auswirkungen auf die Entwicklung unserer Kinder hat als die Auswahl der Sendungen, die sie anschauen oder nicht anschauen dürfen.

Denn irgendwann kommt die Rechnung. Spätestens dann, wenn die Kinder von den Familien, die unglückliche Eier gegessen, finstere Märchen gelesen und böse Nikoläuse am laufenden Band verschlungen haben, sich entgegen aller Erwartungen zu ordentlichen Erwachsenen entwickeln. Und der vegane Nachwuchs sowie die Anti-Schneewittchen und Osterhasen-Ritter zu kleinen Monstern werden. Diese Gleichung geht zwar nicht immer auf, ist aber erschreckend häufig zu finden.

Jesus hatte es im Umgang mit seinen Kollegen im Pharisäerlager mit einer ähnlichen Dynamik zu tun. Diese Geistlichen belehrten das Fußvolk Israels ohne Pause, wie ein ordentlicher Mensch zu leben hatte. Welche Teile der Petersilien-Pflanze abgetrennt und als Obolus für die Sonntagskollekte aufbewahrt werden sollten, welche Körperteile unter welchen Umständen zu reinigen waren. Dieses kleinkarierte Treiben brachte Jesus wie nichts anderes zur Weißglut. Die Pharisäer würden den Menschen Lasten auflegen, die sie selber nicht tragen wollten, warf er ihnen vor. Sie würden die wichtigeren Dinge im Leben, wie Recht und Barmherzigkeit, vernachlässigen, während sie um die penible Erhaltung ihrer selbsterfundenen Lieblingsregelungen bemüht waren (Matthäus 23,23). In seiner deftigen Bildersprache ausgedrückt: Sie „sahen Mücken, verschlangen aber Kamele" (Matthäus 23,24). Sie hatten die wichtigste Hausordnung in Gottes Familie vergessen: Herzen, die für den Herrn schlagen und die ihn in allem verherrlichen möchten. Aus dieser Grundhaltung heraus werden sich angemessene Regelungen von alleine ergeben. Und der Druck, „fehlerfrei" erziehen zu müssen, verwandelt sich in Dankbarkeit, dass wir auch als Familien diesem wunderbaren Vater im Himmel dienen und uns von ihm versorgt wissen.

Zum Nachdenken:

- *Wo habe ich in der Erziehung meiner Kinder irgendwelche Regelungen überbewertet und dafür andere, wichtigere vernachlässigt? Die Mücken gesehen, aber „Kamele verschlungen"?*
- *Wie steht es mit meinem eigenen Vorbild? Bin ich zu fixiert auf Äußerlichkeiten (was die Kinder dürfen oder was nicht), oder leite ich durch mein Verhalten?*

Nachmittagsspaß Hausaufgaben

Er wird seine Herde weiden wie ein Hirte.
Jesaja 40,11

Im Vorfeld war klar: Zur Liga der ambitionierten Eltern, die den ultimativen Lebensweg für ihre Kinder vorbestimmen und von der Schule die Serviceleistung dazu einfordern, gehörten wir nicht. Aber dass jedes Kind sein maximales Potenzial ausschöpft, das fanden wir in Ordnung. Wir hatten alles perfekt geplant, lange bevor Mathe- und Deutschaufgaben auf dem Radarschirm erschienen. Die Stunde nach dem Mittagessen, die Schlafzeit für alle Babys und Kleinkinder war, sollte in einem sanften, kaum spürbaren Übergang in die Hausaufgabenzeit übergehen, sobald ein Kind in die Schule kam. Keine Hochleistungen auf Biegen und Brechen, natürliche Neigungen sollten gedeihen. Erst nach Erledigen der Hausaufgaben durfte gespielt werden. „Eltern setzen den Rahmen, aber sie mischen sich nicht ein", belehrte ich andere Mütter in der Gemeinde. Ansprechbar sein, für einen guten Lernplatz und einen stabilen Tagesablauf sorgen: Elternschaft vom Feinsten, dachte ich mit Zufriedenheit. Ich hätte ein Buch darüber schreiben können.

Vorher kann man immer ein Buch darüber schreiben.

Ein paar Jahre später saßen wir zu viert am Esstisch, lange nach Ende des Mittagessens. Daniel schmollte vor einem Teller Gemüse, das er nicht aufessen wollte, und machte eine Schnute. Das Wetteifern mit den giften Blicken war voll im Gange. Er wusste, dass ich irgendwann das Handtuch werfen würde, wenn er lang genug durchhalten konnte. Debbie beschäftigte sich mit dem Thema „Uhr" und begriff die Einteilung in Viertelstunden nicht. Sie konnte es nicht ertragen, etwas nicht zu begreifen und schlug heulend mit den Fäusten auf den Tisch. Stefan dagegen konnte es gut ertragen, etwas nicht zu begreifen: Er wand sich vor einem Blatt ungelöster Minusaufgaben auf seinem Stuhl hin und her und witterte Fluchtmöglichkeiten. Mit dem Konzept „Minus" konnte er nichts anfangen. Ich hatte alle Tricks versucht. Frösche, die am Ufer hocken und nacheinander in den Teich springen („Wie viele bleiben am Ufer?"). Nicht einmal die Gummibärchen, die auf der Lampe saßen und dann in seinen Mund sprangen („Wie viele sitzen noch oben?"), haben die langersehnte Erleuchtung gebracht. Normalerweise begriff er auf Anhieb alles, was mit Gummibärchen zu tun hatte.

Baby Jessica, die rund um die Uhr mit Fleiß und Ausdauer die Erfüllung ihrer Wünsche einforderte, schrie wieder – und ich rastete aus. Ich brüllte: „Du Gemüse, du Mathe, du Uhr, und ihr bleibt sitzen, bis es klappt!", während ich die Treppe hochstampfte. Oben hieß es: „Du Schnulli." Und danach warf ich mich auf mein Bett, um mich freizuheulen. Durch meine Tränen hindurch fiel mein Blick auf eine Baby-Glückwunschkarte, die ich für eine Freundin geschrieben hatte. „Er wird seine Herde weiden wie ein Hirte, die Lämmer wird er in seinen Arm nehmen [...], die säugenden Muttertiere wird er fürsorglich leiten" (Jesaja 40,11). Ich war zwar kein säugendes Muttertier, aber die Zärtlichkeit dieses Bildes wärmte plötzlich meine Seele.

Ich weiß nicht mehr, wie der Tag ausging. Nur, dass ich alles, was man laut Buch nur falsch machen kann, falsch gemacht hatte. So gesehen wären meine Kinder bald reif für die Couch gewesen.

Es gibt eben Zeiten, in denen ich keine Energie mehr für Beziehungs- und Inhaltskompetenzen, Einfühlungsvermögen, Wahrnehmungskapazität und sonstige pädagogische Seilkünste habe. Nur noch unbändigen Frust. Und dann frage ich mich, ob niemand die Tatsache berücksichtigt, dass ich auch noch Einkäufe machen, das Auto tanken, die Senioren anrufen, die Fenster putzen, die Garage fegen, die Primeln aussetzen und die Nachbarn besuchen soll. Ganz abgesehen davon, dass auch ich die Launen einer energiegeladenen Seele zu bewältigen habe, nur ein Mensch bin, ohne mir eine Putzfrau leisten zu können.

Irgendwie haben wir dieses Szenario und viele ähnliche überlebt, und einige Jahre später hatte jedes Kind seinen Schulabschluss. Stefan wurde Bauingenieur. Die Gummibärchen müssen nachhaltig gewirkt haben. Debbie begriff irgendwann die Einteilung der Uhr und beaufsichtigt für das Auswärtige Amt (mit Sekundengenauigkeit) die Ankünfte und Abreisen hochrangiger Staatsgäste in Berlin. Daniel verzichtet immer noch gerne auf Gemüse. In diesem Kampf kapitulierte ich und überließ ihm den Sieg. Er wurde trotzdem nicht dick, blass oder pickelig. Vielleicht enthalten Pommes und Schnitzel doch versteckte Vitamine. Genug zumindest, um erfolgreich BWL zu studieren. Und das Baby, das während der heiligen Mittagsruhe ununterbrochen schrie, möchte Lehrerin oder Journalistin werden.

Gute Vorsätze für die Kindererziehung zu haben, ist wichtig. Pläne, es besser als die eigenen Eltern zu machen, sind auch nicht verwerflich. Besser, dreißig Prozent eines unerreichbaren Ideals erfüllen, als null Prozent einer Null-Vision. Noch besser ist es, zu wissen, dass wir mit unseren Defiziten nicht allein sind. Es gibt einen, der gerne mitträgt, ein Hirte, der seine Herde weidet.

Zum Nachdenken:

- *Bleibe ich gelassen, auch wenn mein Tag mit den Kindern nicht so läuft, wie ich ihn mir wünsche?*
- *Behalte ich die Schulleistungen meiner Kinder in der richtigen Perspektive? Habe ich einen Weg gefunden, sie zu fördern, ohne sie zu drängen?*

Gottes Notenschlüssel

Bei euch aber sind selbst die Haare des Hauptes alle gezählt ...
MATTHÄUS 10,30

Spannung liegt in der Luft, Stifte sind gespitzt, Energiebonbons und Wasserflaschen stehen bereit, Angst steht jedem ins Gesicht geschrieben. Vielfach geschwänzte Unterrichtsstunden, nicht gemachte Hausaufgaben, ein Stau von unkonzentrierten Momenten im Unterricht, unzählige Warnungen, die mit einem höhnischen Grinsen kommentiert wurden – all das wird in den kommenden zwei Stunden seinen Tribut fordern. Die Stunde der Heimzahlung hat geschlagen. Der Wert einer Gruppe von jungen Menschen wird mit einem Taschenrechner auf eine rote Ziffer reduziert, die die Leistungsfähigkeit von ein paar Gehirnzellen in einer Momentaufnahme ergeben. Wie grausam.

Notenschlüssel. Für den Pianisten sind sie die Geheimsprache, die zeigt, in welcher Tonhöhe was mit welcher Hand gespielt werden soll. Für den Pädagogen sind sie die Tabellen, die zeigen, welche erreichte Punktzahl bei welcher Gesamtpunktzahl welche Note ergibt: Standardausrüstung eines jeden Lehrers.

Ein Blick auf diese panisch dreinschauenden Gesichter einer Realschulklasse kurz vor der Abschlussprüfung, die mir begegnen, genügt, um die gesamte Mühsal der vergangenen lernunwilligen Jahre in Vergessenheit geraten zu lassen. Es bleibt nur Mitleid übrig.

Im Schnelldurchlauf rasen mir Bilder durch den Kopf: die verbitterte Scheidungsschlacht etwa, die sich hinter „Mathe: Fünf" und „Englisch: Vier" verbirgt; der Tod eines geliebten Opas, der Lustlosigkeit und leere Blicke auslöst; die depressive Mutter, hilflos überfordert, alleine gelassen mit ihrem pubertierenden Kind. Alles Lebensumstände, die kindliche Neugierde im Keim ersticken und zarte Herzen mit Zynismus lahmlegen. Verlust und Trauer, wo man nur hinschaut, lange bevor die junge Seele Ressourcen gefunden hat, damit zurechtzukommen.

Trotzdem müssen Noten sein, auch in der Schule. Leistungen müssen bewertet, Mühe belohnt, Faulheit bestraft werden. So ist das Leben eben.

Ich hole tief Luft und schlage meine Bibel auf. In einer christlichen Schule darf man immerhin eine Andacht halten, auch vor einer Prüfung.

„Bald werde ich eure Prüfungsbögen mit roten Strichen schmücken", beginne ich, „hoffentlich nicht zu viele ..." Scherz vergeigt. Niemand lacht.

Ich erzähle den Schülern von einem Gott, dessen Notenschlüssel nichts mit dem eiskalten Rechensystem gemeinsam hat, das wir Menschen erfunden haben, der die Haare auf unserem Kopf zählt (Matthäus 10,30), dem nichts entgeht, auch nicht der Sturz eines kleinen Spatzen vom Baum (Matthäus 10,31). Auch die Tränen, die wir vergießen, werden sorgfältig notiert und gar gezählt (Psalm 56,9). Eines Tages werden sie auch abgewischt (Offenbarung 21,4). Wir dürfen einen Vater kennenlernen, für den Begriffe wie *„ein* solches Kind" (Matthäus 18,5), *„eines* dieser Kleinen" (Matthäus 18,10.14) den Kern der Erziehung bildet. Einen Hirten, der sich unverzüglich auf die Suche macht wenn *„eins"* von ihnen (seinen Schafen) sich verirrt" (Matthäus 18,12). Nicht Listen, Tabellen, Hochrechnungen, Ziffern – sondern der Mensch steht für ihn im Mittelpunkt, kostbar, einzigartig, unersetzlich.

Manchmal gehen ihm die Zahlen aus. Weil bei diesem Gott das Wort „unendlich" tatsächlich eine Bedeutung hat. Es steht für bedingungslose Liebe, eine Fülle an Güte und Gnade (Psalm 5,8), die jeden Tag neu ist. Leben im Überfluss für die, die sich auf seine Liebe einlassen. Alles an diesem Vater ist überschwänglich, großzügig und verschwenderisch! Wer seine Identität von ihm und seiner Liebe definieren lässt und nicht vom Bildungssystem und der Mode- oder Hightech-Branche, der hat einen Halt in diesem, und sogar im nächsten Leben.

In den Zeiten, in denen unsere Kinder Prüfungen schreiben, Führerschein machen, sich auf Bewerbungsgespräche vorbereiten – in Zeiten, in denen ihre Leistungen in irgendeiner Form beurteilt und manchmal auch verurteilt werden, ist es gut, sie an diesen himmlischen Vater zu erinnern, der einen ganz anderen Notenschlüssel hat als den, der auf dem Lehrerpult liegt.

Selbst Versagen kann überwunden werden. In einem Test schlecht abzuschneiden, mag in dieser Welt mit einer „Fünf" auf der Notenskala dokumentiert sein. Aber derjenige, der lernt, Tränen zu trocknen, mutig wieder aufzustehen, aus Fehlern zu lernen und dann mit der Hilfe Gottes vertrauensvoll wieder in die Zukunft zu blicken, der kann mit einer „Eins" auf Gottes Notenskala rechnen. Und mit so einer Spitzenzensur wird er in diesem Leben ziemlich sicher ans Ziel kommen. Gott mag Menschen, die ihr Vertrauen auf ihn setzen.

Manches Kind hat das Glück, auch einen irdischen Papa zu haben, der weiß, wie man Tränen abwischt, wie man ihm auf die Schulter klopft und es mit den Worten ans Herz drückt: „Du, ich helfe dir, das mit Mathe kriegen wir noch hin – und übrigens: Noten sind nicht alles im Leben!"

So eine Mama (oder ein Papa) war vielleicht klug genug, im symbolischen Sinne lieber die Haare auf dem Kopf als Punkte auf der Notenskala zu zählen.

Zum Nachdenken:

- *Beurteile ich andere Menschen, vor allem Kinder, mit Gottes Notenschlüssel oder mit menschlichen Notenschlüsseln?*
- *Suche ich Wege, um ihnen zu vermitteln, dass sie in seinen Augen über alles geliebt und angenommen sind, egal wie ihre menschlichen Leistungen in ihrem Umfeld beurteilt werden?*

Der Anruf vom Lehrer

Denn sie wachen über eure Seelen, als solche, die Rechenschaft geben werden, damit sie dies mit Freuden tun und nicht mit Seufzen; denn dies wäre nicht nützlich für euch.
Hebräer 13,17

„Herr M. rief an, während du einkaufen warst. Er versucht es später wieder", informierte mich Debbie, ohne den Blick von den Hausaufgaben zu heben. Ein leichtes Unbehagen stieg sofort in mir hoch.
„Der von der Sparkasse, meinst du?", fragte ich hoffnungsvoll.
„Nein, der von Stefan."
Genau die Antwort, die ich *nicht* hören wollte.
„Klang er freundlich? Verärgert?"
„Normal", antwortete meine Tochter lässig.
Stöhn. Ein Anruf von Herrn M. läutete immer eine Krise ein. Ich hatte auf alles Lust, nur nicht auf ein Update zu den neuesten Eskapaden meines Sohnes.

„Mein kleiner Schatz würde so etwas nie machen" – diesen Mythos hatte ich bei Stefans Geburt endgültig zu Grabe getragen. Als der kleine Schreihals mir zum ersten Mal schimpfend in die Arme gelegt wurde, nachdem er schon die Hebamme angebrüllt hatte, machte seine große Schwester ein langes Gesicht und fragte: „Wann bringen wir ihn wieder zurück, Mama?" Ich ahnte sofort, dass ich es dieses Mal mit einem besonderen Kaliber Mensch zu tun hatte.

Mein neues Überlebensmotto? Luft holen, mich aufs Schlimmste gefasst machen, und angenehm überrascht sein, wenn es glimpflich ausgeht.

Die schlimmsten Lehreranrufe sind die, die vorher angekündigt werden, ohne dass man weiß, worum es geht. Verschiedene Szenarien schossen im Schnellverfahren durch meinen Kopf. Die geringe Wahrscheinlichkeit, dass Herr M. Stefans Fortschritte in Mathe melden wollte, winkte ich schnell ab. Wahrscheinlich war es wieder eine Schlägerei. Eine Schlägerei selber angezettelt – das hatte mein Sohn in seiner Laufbahn als Quatschkopf noch nicht. Raufereien mochte er allerdings sehr. Auch wenn er nicht direkt involviert war, war er immer nahe genug am Geschehen, um verdächtigt zu werden. Zwei Wochen zuvor hatte Herr M. schon mal angerufen, weil Stefan zwei Zähne ausgeschlagen worden waren. Der offizielle Grund: eine unglückliche Begegnung mit dem Heizkörper. Nähere Untersuchungen ergaben, dass es eine unglückliche Begegnung mit Marvins Ellbogen gewesen war.

Herr M. erklärte mit gewohnter Sachlichkeit, was dieses Mal passiert war. Jonas hatte einen Karton roher Eier in die Schule mitgebracht. In der kleinen Pause entstand am Fenster eine spontane Wurfparty. Das Ergebnis: Der Inhalt des Kartons schmückte nun die Mauer des gegenüberliegenden Hauses. Es war ein Fachwerkhaus, das unter Denkmalschutz stand. Die Jungs müssten mit (damaligen) 50 Mark pro geworfenem Ei für die Reinigung aufkommen. Stefan hatte ein Ei geworfen. Immerhin. Es hätte teurer kommen können.

Bis mein Sohn sich wenig später mit hängendem Kopf ins Haus hineinschlich, war ich wieder ruhig. Wenigstens eine gute Lachnummer für die nächste Frauenkaffeerunde. Die übliche Belehrung konnte ich mir sparen. Die Nachricht, dass der berüchtigte Eierwurf in den kommenden Wochen einen großen Teil seines Taschengelds kosten würde, war Strafe genug.

„Aber Mama, mein Ei landete doch auf der Straße! Das ist echt unfair! Herr M. ist voll blöd!"

„Was ist schlimmer? Straße oder Mauer!? Das Ei hätte auf dem Kopf oder im Einkaufskorb einer ahnungslosen Oma landen können. Stell dir mal ihren Schock vor – das wäre wirklich teurer geworden."

„Aber bis ich das alles bezahlt habe, dauert es eine Ewigkeit!"

„Darüber macht man sich Gedanken, *bevor* man so einen Quatsch anstellt."

Blöder Spruch – seit wann machen sich Jungs irgendwelche Gedanken über irgendetwas, bevor sie etwas anstellen?

Innerlich litt ich mit. Ja kein Mitleid, erst mal den Schmerz sinken und ziehen lassen. Später könnte man über Ersatzleistungen nachdenken, ihn etwa die Garage ausfegen oder den Inhalt der Komposttonne auf die Gartenbeete ausbreiten lassen.

Jetzt erst mal eine Auszeit im Zimmer zum Abreagieren. Das Prozedere war Routine. Den Satz „Herr M. ist voll blöd!" wollte ich nicht stehen lassen.

„Meinst du nicht, dass Herr M. sich seinen Nachmittag anders vorgestellt hat als mit unangenehmen Elterngesprächen?", fragte ich, als ich Stefan später wieder aufsuchte.

Auf so etwas muss man als betroffene Mutter erst kommen. Und erst recht als betroffener Schüler. Wir redeten darüber, dass sogar Lehrer Gefühle haben. Damit tat sich Stefan schwer, wollte sich aber Gedanken dazu machen. Die Aufforderung im Hebräerbrief (13,17; LUT) passte gut dazu: „Gehorcht euren Lehrern und folgt ihnen; denn sie wachen über eure Seelen ... damit sie das mit Freuden tun und nicht mit Seufzen."

Für Herrn M. und seine Klasse zu beten, das war eine Nummer zu groß.

„Ich bitte dich, lieber Gott, dass Papa das Geld nicht von meinem Taschengeld abzieht. Denn das dauert Jahre." Pause. „Und hilf Herrn M., mit der Klasse klarzukommen. Amen." Immerhin ein Anfang. Einsicht mit zusammengebissenen Zähnen ist immer noch Einsicht. Nirgendwo lesen wir in der Bibel, dass man dazu Lust haben muss.

Sechs Jahre später fand die Geschichte mit dem Eierkarton Eingang in die Abi-Zeitung. So entstehen Legenden.

Zum Nachdenken:

- *Wie reagiere ich, wenn mich meine Kinder in Verlegenheit bringen?*
- *Lernen meine Kinder an meinem Beispiel, Autoritätspersonen in ihrem Leben zu achten und zu respektieren?*

Der Gott, der Vögel mag

Und nicht einer von ihnen wird auf die Erde fallen ohne euren Vater.

MATTHÄUS 10,29

Der Vortrag dauerte lang, und Jessie hatte dreimal laut gefragt: „Wann gehen wir endlich?" Und einmal, noch lauter: „Warum redet er so viel?" Langsam wurde es mir peinlich. Ich kapitulierte, war doch das Thema „Das Laubhüttenfest – Hintergründe und Bedeutung für die heutige Kirche" für ein achtjähriges Kind eine ziemliche Zumutung. Wir machten uns zu Fuß auf den Weg nach Hause. Die Mutter-Tochter-Beziehung war schließlich genauso wichtig wie die biblischen Feste, und der abendliche Spaziergang in der Sonne würde uns guttun. So schlenderten wir Hand in Hand Richtung Zuhause.

Als wir die mühsame Steige zu unserer Straße angehen wollten, sahen wir plötzlich einen Vogel vor uns auf dem Gehweg. Es war ein Eichelhäher. Er wand sich qualvoll in alle Richtungen und torkelte auf einem Bein in dem Versuch, dem Lärm des Verkehrs zu entkommen, der auf der viel befahrenen Strasse an ihm vorbeidonnerte. Ein ausgestreckter Flügel, den er auf dem Boden mitschleppte, war offensichtlich verletzt, sodass er kein Gleichgewicht fand. Nackte Panik flackerte in seinen Augen, als er uns anblickte.

Ich rang mit mir. Ein schwer verletzter Vogel hatte wenig Chancen zu überleben. Was macht man da? Ihm ein schnelles Ende machen, damit das Leid aufhört? Ihn seinem Schicksal überlassen? Wenn er weiter hin- und herstolpern würde, würde er bald unter den Rädern eines Autos landen. Nichts davon würde ich übers Herz bringen können. Brauchte ich auch nicht. Jessie schmiedete schon Pläne.

„Mama, du gehst heim und holst einen Karton."

„Aber was machen wir mit ihm?"

„Du siehst doch, dass wir ihn nicht hierlassen können." Sie war den Tränen nahe.

Ich sah es kommen, und so kam es auch. Ein Wochenende lang war die ganze Familie rund um die Uhr mit dem Existenzkampf eines traumatisierten Eichelhähers beschäftigt, der zitternd in seinem Karton kauerte. Alle paar Minuten ging jemand in den Keller hinunter, um zu schauen, ob er noch lebte. Großes Aufatmen, als er zum ersten Mal ein paar Tröpfchen Wasser aus dem Eierbecher trank, den Jessie ihm zuschob. Wieder Erleichterung, als er an den Körnern herumpickte und eines davon sogar schluckte. Am nächsten Morgen raste ich gleich nach dem Aufwachen hinunter, um mich zu vergewissern, dass er die Nacht überlebt hatte. Er fing an zu kreischen und mit den Flügeln zu schlagen. Die Jungs meinten, frische Luft würde ihm jetzt gut bekommen, und trugen den Karton auf den Balkon.

Ein kranker Eichelhäher war schlimm genug. Ein sich erholender Eichelhäher war schlimmer. Die Nachricht, dass sich ein verletzter Vogel in der Nähe aufhielt, verbreitete sich im Nu in der Katzengemeinde der Nachbarschaft. Miezen und Stubentiger aller Farben und Varianten lauerten im Gebüsch um das Haus herum, leckten ihre Lippen und witterten ihre Chance. Wir überwachten den Patienten, der mit jeder Stunde munterer wurde, in Schichtarbeit. Als wir am Sonntag in den Gottesdienst gingen, war er immer noch auf dem Balkon geparkt, mit geschlossenen Deckel, aber einem offenen Spalt, um Sonne und Luft hineinzulassen. Wir saßen auf heißen Kohlen im Gottesdienst und rasten gleich nach der Heimfahrt zum Balkon hoch. Da geschah es. Ich öffnete den Kartondeckel, es gab ein Geflatter von Flügeln und ein lautes Gekreische – und unser gefiederter Gast schoss wie ein Pfeil in die Luft, schwirrte mit schwindelerregender Geschwindigkeit über die Hausdächer der Nachbarn, und landete auf einem Ast im Kastanienbaum auf dem Gelände des naheliegenden Kindergartens. Ein Dutzend Katzen schossen ihm in Windeseile auf Bodenebene hinterher und warteten schmatzend unten am Baumstamm.

Genug war genug. Ein Freund, der zu uns zum Mittagessen gekommen war, rannte mit dem Karton aus dem Haus, kletterte über den Zaun und durch das Gebüsch, scheuchte die Katzen weg und wartete, bis der immer noch kränkliche Vogel wieder herunterpurzelte. Er fing ihn auf und trug ihn zurück ins Haus.

Letzte Station des Abenteuers: eine halbstündige Fahrt zur nächstliegenden Vogelrettungsstation. Jessica saß in Tränen aufgelöst auf der Rückbank, den Karton samt Vogel auf ihren Knien. Der Eichelhäher wurde liebevoll empfangen, bekam eine Nummer und wir fuhren im tröstlichen Wissen heim, dass wir am nächsten Tag anrufen durften, um nach seinem Befinden zu fragen.

Viele Stunden Familienleben wurden im Laufe der Jahre damit verbracht, nicht nur verletzte Vögel zu betreuen, sondern auch zwei krebskranke Hasen zu pflegen und einem weiteren Hasen, der von einem Fuchs gekidnappt wurde, nachzutrauern, genau wie den Stabheuschrecken, die an Altersschwäche starben und den Kaulquappen, die sich in Frösche verwandelt hatten und daraufhin prompt starben.

Einmal erlebte ich, wie ein Junge den Todeskampf einer kleinen Maus schadenfreudig beglotzte. Ab dem Zeitpunkt hörte ich auf, Trauerstunden um Tiere als lästige Zeitverschwendung zu betrachten. Wohl dem Kind, das Mitgefühl für einen verletzten Vogel hat. Es hat das Herz eines himmlischen Vaters, dem Sperlinge wichtig sind.

Zum Nachdenken:

- *Wie können wir als Familie lernen, eine Wertschätzung für Gottes Schöpfung zu haben?*
- *Wo sind meine Kinder dabei, Mitgefühl zu lernen und zu praktizieren?*

Was ist ein gut erzogenes Kind?

Und was fordert der Herr von dir, als Recht zu üben und Güte zu lieben und bescheiden zu gehen mit deinem Gott?
Micha 6,8

Die Werte, die einem Menschen wichtig sind, werden spätestens dann offenbar, wenn er zu schimpfen anfängt. Meine Eltern waren typische Erzieher der Nachkriegsjahre. Für meine Mutter waren Essensreste auf dem Teller das ultimative Übel im Verhalten eines Kindes. Die Standpauken dazu bekamen wir so oft zu hören, dass wir sie selber originalgetreu vortragen konnten.

„Stellt euch das mal vor! Katherine und Mary haben schon wieder ihre Brotkruste am Tellerrand gelassen, nur weil sie gesundes Vollkornbrot nicht mögen. Was wird bloß aus ihnen werden? Oje, die Eltern heutzutage, sie haben keine Ahnung..."

Was meine Mutter nicht wusste: Wir schmuggelten unseren Hund regelmäßig unter den Tisch und trainierten ihn, seine Schnauze abwechselnd auf ein Knie nach dem anderen zu legen und ohne Schmatzen alles zu verschlingen, was wir nicht mochten und ihm darreichten. Wichtig war, dass er nicht aus Versehen auf dem falschen Knie „landete". Mit dem Hund zusammen waren wir bald ein eingespieltes Team. Unsere Eltern merkten nichts.

„Ist es nicht so etwas wie lügen, wenn wir so tun, als ob wir alles auf dem Teller essen, es aber nicht wirklich tun?", fragte ich einmal meine große Schwester. Sie war die heiligste und bravste von uns drei Schwestern, und so wandten wir zwei uns mit allen ethischen und theologischen Fragen immer an sie.

„Wir lassen aber nichts auf dem Teller", wandte sie ein, „der Hund kriegt halt einen Teil! Der Teller ist nachher leer!"

Trotzdem ließ uns unser schlechtes Gewissen nicht in Ruhe, und wir beichteten. Den Hund brachten wir mit. Er konnte so reuevoll blicken, dass es unmöglich war, lange Zeit sauer auf ihn zu sein. Unsere Mutter schimpfte, lachte, und verzieh uns. Die Last war weg. Sie lockerte ihre eisernen Esssitten, und der Stand unserer seelischen Reife wurde nicht mehr an unserer Fähigkeit gemessen, Dinge zu schlucken, die wir nicht mochten.

„Warum fällt es schwer, die Worte ‚es tut mir leid' zu sagen, wenn die Folgen davon glücklich machen?", fragten wir uns. Und nahmen uns vor, das nächste Mal schneller daran zu denken.

Was ein Kind alles tun oder lassen soll, um als gut erzogen zu gelten, ändert sich mit jedem neuen gesellschaftlichen Trend. Früher existierte ein moralischer Konsens, was als „richtig" und was als „falsch" galt, und Eltern orientierten sich daran. Heute lernen Kinder, ihre Meinung durchzusetzen, egal ob diese „richtig" ist oder nicht. Hauptsache, man steht dazu. Das Kind wird gewürdigt, wenn es ein Referat über saubere Mülltrennung, Energiesparlampen, die Rettung der Eiche im Stadtpark und das Verbot von Waffenlieferungen an Saudi Arabien halten kann. Mut braucht dagegen das Kind, das es riskiert, über den Schutz ungeborenen Lebens, über Ehrlichkeit, Bescheidenheit und eheliche Treue zu referieren. Wir haben den Begriff „Moral" erfolgreich auf Themen ausgelagert, die uns in unseren tiefsten seelischen Befindlichkeiten nicht zu nahe kommen.

Ein gut erzogenes Kind? Jesus Christus brachte es auf den Punkt: „Alles, was ihr wollt, dass die Leute für euch tun sollen, das tut ihnen auch!" (Matthäus 7,12). Damit durchkreuzte er mit einem Schlag die Moral damaliger wie heutiger Lebenskünstler, die nur darauf bedacht sind, ihre Lebensbedingungen auf maximalen persönlichen Vorteil hin zu gestalten, ungeachtet des Wohlseins anderer. Laut Jesus bedeutet gute Erziehung ganz einfach die Fähigkeit, für das eigene Verhalten Verantwortung zu übernehmen.

Die unehrenhafte Entsorgung unserer damaligen Essensreste war weniger das Problem als die unehrenhafte Lüge dabei. Die gute Erziehung war das trainierte Gewissen und der Drang, eine Lüge zu bereinigen. Wie froh bin ich, wenn andere Menschen mir gegenüber Fehlverhalten reinigen und sich entschuldigen! Ich vergebe und vergesse mit Freude und Erleichterung. Warum fällt es mir so schwer, anderen diese Freude zuteil werden zu lassen und meinen Kindern beizubringen, wie es geht? Warum ist es viel einfacher, Kindern Körperhygiene beizubringen als Verhaltenshygiene?

Die Familie als Ort, an dem die Ecken und Kanten am spürbarsten sind und die kleinen Lügen am schnellsten auffliegen, ist der ideale Übungsplatz: für Worte, die nicht so leicht über die Lippen kommen, wie zum Beispiel „danke", „bitte" und „tut mir leid". Für einen bejahenden und wertschätzenden Umgang mit den Mitmenschen und ihren Bedürfnissen, für einen bescheidenen Umgang mit den eigenen Bedürfnissen.

Was ist ein gut erzogenes Kind? Vielleicht eines, das erfolgreich und am Vorbild der Eltern entlang trainiert wird, „Güte zu lieben und bescheiden zu gehen vor seinem Gott" (Micha 6,8)?

Zum Nachdenken:

- *Entspricht meine Vorstellung eines „gut erzogenen Kindes" den Vorstellungen Gottes?*
- *Wie wollen wir uns als Familie darin üben, „Güte zu lieben und bescheiden zu gehen vor unserem Gott"?*

Die Kraft der unerfüllten Wünsche

Und die Frau ging ihres Weges und aß und hatte nicht mehr ein so trauriges Gesicht.

1. SAMUEL 1,18

Es gibt Situationen im Leben, in denen man alles geben würde, um per Knopfdruck ein Dilemma zu lösen, ein Spannungsfeld auszuschalten, ein Familienmitglied zur Einsicht zu bringen oder eine nagende Sorge loszuwerden.

So muss es auch Hannah im Alten Testament gegangen sein, als sie Tag für Tag die Sticheleien ihrer hausinternen Rivalin Peninna ertragen musste, während sie mit wachsender Sorge auf ihren Bauch herabblickte, der einfach nicht schwanger werden wollte. Eine Übung in Hilflosigkeit war es. Das Getrappel kleiner Kinder ständig im Ohr, die nicht ihre eigenen waren, und die spöttischen Blicke der anderen Frau: Irgendwann, in einer Zeit, in der der Wert einer Frau an ihrer Fähigkeit zu gebären gemessen wurde, brannte die letzte Sicherung durch. Es herrschte Feststimmung bei der jährlichen Versammlung des Herrn in Silo, aber Hannah war nicht nach Feiern zumute. Die gut gemeinten Tröstungen ihres Mannes fielen auf taube Ohren, sie verließ in Tränen aufgelöst den Festsaal.

Wie es mit ihr weiterging, hätten wir nie erfahren, wäre sie nicht in die Stiftshütte geflohen, wo sie ihren Kummer vor dem Herrn ausschüttete.

Wir wissen nicht, warum sie nach ihrem Gebet wieder fröhlich war. Schwanger war sie immer noch nicht und sie hatte auch keine Garantie dafür bekommen, dass sie es werden würde. Es hatte sich nichts geändert – außer, dass der amtierende Priester Eli ihr leidenschaftliches Gebet mitbekommen und gedacht hatte, sie sei betrunken. Als sie ihn eines Besseren belehrte, segnete und entließ er sie. Eine recht unspektakuläre Angelegenheit. Allerdings mit spektakulären Folgen.

Hannah bekam ihr lang ersehntes Kind und, treu dem Eid, den sie an jenem denkwürdigen Tag vor dem Herrn abgelegt hatte, brachte sie ihren Sohn drei Jahre später zurück in die Stiftshütte als Gabe für den Herrn. Dieser Schritt löste eine Kette von Segnungen aus. Zunächst für ihre eigene Familie – sie bekam weitere Kinder –, aber auch für das Volk Gottes. Hannah sehnte sich zwar nach einem Kind, Gott sehnte sich aber nach einem Propheten, der ein abtrünniges Volk auf die Wege des Herrn zurückführen sollte.

Schmerz als Visitenkarte Gottes? Not und Mangel als Einladung in seine Nähe? Als Erinnerung daran, dass letztlich nur er eine hungrige Seele sättigen kann? Hannah muss schon vor der Erfüllung ihres Wunsches geahnt haben, dass ihre Not bei Gott in guten Händen war. Das reichte, um ein Funkeln in ihre vom Heulen matt und müde gewordenen Augen zurückzubringen, einen Hüpfer in ihren Gang. Ähnlich wie bei Hiob, der sagen konnte, lange bevor sich die Umstände seines harten Schicksals irgendwie verbessert hatten: „Vom Hörensagen hatte ich von dir gehört, jetzt aber hat mein Auge dich gesehen" (Hiob 42,5).

Das Thema zieht sich wie ein roter Faden durch die Biographien biblischer Helden. Segen bricht an der Stelle durch, an der nicht mehr der erwünschte Segen, sondern der Herr des Segens in den Mittelpunkt rückt. Wenn der Geber guter Gaben um seinetwillen und nicht um der erhofften Gaben willen gesucht wird. Im Wort Gottes scheint Segen immer die Nebenwirkung eines gottesfürchtigen Lebensstils zu sein, nicht das Ziel. Hannahs Familienglück war nicht planbar, sie „züchtete" nicht mit Absicht einen jungen Propheten, sondern richtete ihre innere Leere auf den Herrn und vertraute sich ihm an, unabhängig davon, ob ihr Wunsch erfüllt würde oder nicht.

Andere haben es ähnlich gemacht. Ein Mann namens Obed-Edom beherbergte einmal die Bundeslade (1. Chronik 13), damaliger Garant der Gegenwart Gottes schlechthin. Dass dieses heilige Objekt ernsthafte Risiken in sich barg, hatten diejenigen, die lässig mit ihm umgingen, gerade erlebt. Obed-Edom ließ sich aber auf das Abenteuer ein und wurde mit seiner ganzen Verwandtschaft gesegnet. Anschließend wird er überall erwähnt – bei den Torhütern und bei den Sängern und Spielern im Zelt Gottes. Ganz nebenbei lesen wir, dass seine Brüder und Söhne mit ihm zusammen im Haus des Herrn dienten.

Könnte das auch der Grund sein, warum Davids Brüder, die ihm am Anfang der Geschichte so missmutig gesinnt waren, am Ende seine treuesten Unterstützer wurden? Oder weshalb Jesu Brüder, anfänglich auch nicht gerade seine Anhänger, am Ende unter den ersten Märtyrern waren? Oder war das der Grund für die spektakuläre Versöhnung nach vielen Jahren Trennung zwischen Josef und seiner Verwandtschaft? Ein gehorsames, mit Sehnsucht erfülltes Herz, das sich immer wieder in die Gegenwart Gottes aufmacht, zieht seine Gunst an, bewegt seinen Arm, und das steckt offensichtlich auch andere nahestehende Menschen an – mehr als alles Rennen, Versuchen und Überreden.

Das wird wohl der Grund gewesen sein, warum Hannah auch ohne erfüllte Wünsche „nicht mehr so ein trauriges Gesicht hatte".

Eine Ermutigung vielleicht für Eltern, die sich nach Versöhnung mit dem verbitterten Teenager sehnen? Nach Entwicklungsfortschritten bei der kleinen Tochter, die mit ihren Altersgenossen nicht Schritt halten kann? Nach einem Durchbruch beim Sohn, der von Heuschnupfen gequält ist und sich nicht mehr auf den Unterricht konzentrieren kann? Ein Trost für Ehefrauen, die sich von ihren Männern nicht geliebt fühlen, für Mütter, die sich nach mehr von Gottes Einwirken in ihrem Familienleben sehnen und das Gefühl haben, dass ihre Gebete nur bis zur Decke gehen?

Auch ohne die lang ersehnte Lösung können wir „essen und ein nicht mehr so trauriges Gesicht" haben – weil wir die Gewissheit haben, dass Gott uns nicht vergessen hat.

Zum Nachdenken:

- *Welche unerhörten Gebete belasten mich in meinem Leben?*
- *Welche Chancen habe ich in meiner Not, Gott näher zu kommen und „ein nicht mehr so trauriges Gesicht" zu haben?*

Das Wunschkind

Ich habe dich bei deinem Namen gerufen, du bist mein.
Jesaja 43,1

Die Ärztin nahm ihre Brille von der Nase, lehnte sich nach vorne, stützte ihre Ellbogen auf ihrem Schreibtisch und blickte mich voller Ernst an.

„Jetzt mal ehrlich, Frau Vollkommer. Ist es ein Wunschkind?" Ich musste meine Gedanken kurz sammeln, um darauf zu kommen, was sie eigentlich meinte.

Geplant war das Kind nicht. Wir hatten bereits zum zweiten Mal mit der Babyphase endgültig Schluss gemacht. Aber schon einmal hatten wir uns, Gott sei Dank, anders entschieden. Und dieses Mal schienen andere Kräfte anders entschieden zu haben. Aber gewünscht? Klar. Wie kann ein Kind nicht gewünscht sein? Irgendeinen Schlafplatz würden wir in unserem überfüllten Reihenhaus schon noch finden, Bücher, die wir nie wieder lesen würden, entsorgen. Damit wären zehn Regale für Babysachen frei. Was sind staubige Bücher in Vergleich dazu, eine weitere lustige kleine Persönlichkeit vor unseren Augen aufblühen zu sehen? Eine Babyausstattung zum dritten Mal in unserem Leben zusammenwürfeln, das würden wir hinbekommen. Heutzutage stehen pensionierte Eltern Schlange, um einer werdenden Mutter Strampler, Buggy, Fläschchen, Wickelkommoden und ungeöffnete Breigläser aufzudrücken. Und mit 40 ein fünftes Kind? Nach meiner Serie von abenteuerlichen Schwangerschaften? Auch dafür würde die Kraft gerade noch reichen, zusammen mit Gottes Gnade.

Ich blickte die Ärztin an und sagte: „Jedes Kind von mir ist gewünscht, Frau Doktor", und wollte mich sofort für den hochnäsigen Ton meiner Worte entschuldigen. Aber es war nicht nötig. Sie atmete tief ein, setzte ihre Brille wieder auf die Nase, lehnte sich mit verschränkten Armen zurück und strahlte mich an.

„Da bin ich aber froh!"

Eine vierfache Mutter um die vierzig mit einer ungeplanten Schwangerschaft, die sich freut, war wohl ein Novum in der Frauenarztpraxis. Trotzdem kein Grund, um mir triumphierend auf die Schulter zu klopfen. Ich habe genug von den Zerreißproben jener Mütter mitbekommen, die vor der Aussicht auf eine gescheiterte Existenz stehen, weil für Partner und Umfeld ein Kind eine Horrorvorstellung ist.

Es ist nicht so, dass Kinder in unserer Gesellschaft partout unerwünscht wären. Sie haben halt ihre Rolle: als eine unter vielen Annehmlichkeiten einer Gesellschaft, die nur für gestylte, erwünschte Bewohner Platz bietet. Kinder ja, aber nur das maßgeschneiderte Wunschkind aus dem Baukasten, das unserem Selbstverwirklichungsprogramm dient. Bald kann man Geschlecht, Augenfarbe, Designernase, IQ und Neigung per Mausklick bestimmen. Alles, was nicht passt, kann unaufwendig entsorgt werden. Schön in sterilem Amtsdeutsch verkleidet, damit ja niemand darauf kommt, dass wir es hier mit einem Massenmord an Unschuldigen zu tun haben.

Und die Wunschbabys sollen sich gefälligst in Wunschkinder verwandeln. Die Schule bietet den Kundendienst, die Lehrer müssen liefern, damit ihre kleinen Verbraucher mit minimalem Aufwand ihr eigenes Potenzial und das ihrer Eltern voll entfalten und das Rennen um die optimale Selbstverwirklichung gewinnen. Das Monster aus der Retorte lässt grüßen.

Schon zu alttestamentlicher Zeit war es die Lieblingsbeschäftigung der Altgottheit Moloch, unerwünschte Kinder zu entsorgen. Kinder wurden in seinem Auftrag zur Unterhaltung der Massen bei lebendigem Leibe verbrannt. Dieser Trend wird im Alten Testament als Merkmal einer abgründig verdorbenen Menschheit verurteilt und war einer der Gründe, warum der Gott der Hebräer – das Gegenstück zu Moloch par excellence – ein Volk absonderte, das es anders machen sollte. Ein Gott, der die Kinder bei wichtigen Anlässen dabei haben wollte. „Versammelt das Volk [...], sammelt die Ältesten, bringt zusammen die Kinder und die Säuglinge!" (Joel 2,16; LUT). Ein Skandal in einer Welt, in der Kinder sonst nichts zu melden hatten. Das war auch der Gott, der seine Freunde später anfuhr, als sie drängelnde Kinder verscheuchen wollten: „Lasset die Kinder zu mir kommen und wehret ihnen nicht, denn solchen gehört das Reich Gottes" (Markus 10,45; LUT). Und „Wer dieses Kind aufnehmen wird in meinem Namen, nimmt mich auf […]" (Lukas 9,48).

Unter Molochs Herrschaft hätte sich die menschliche Rasse selbst über kurz oder lang vernichtet. So gesehen war der Auszug aus Ägypten nicht nur für die Israeliten ein Befreiungsschlag, sondern für die menschliche Rasse schlechthin.

Wir sollten unser fünftes Kind nicht bekommen. Es gab eine Fehlgeburt, eine lang anhaltende Depression, Spannungen in der Familie, Erschöpfung bis zum Abwinken, und der schwere Beschluss, dass unsere Babyphase nun wirklich zu Ende war. Die Kräfte reichten nicht mehr.

Wenn ich aber einen festen Beweis brauche, dass hier ein kleines Menschenleben mit einem von Gott geschenkten Namen seine Anfänge hatte, dann ist es der kleine Stich in meinem Herzen, den ich jedes Mal spüre, wenn ich die staubigen Bücher anschaue, die doch nicht weggeräumt wurden, um Platz für Strampler und Höschen zu machen. Schön wäre es gewesen.

Zum Nachdenken:

- *Welche Stellen in den Evangelien fallen mir ein, in denen Jesus über Kinder redet?*
- *Was offenbaren seine Worte über Gottes Herz für Kinder?*

Die Großfamilie, die Kirche heißt

Die gepflanzt sind im Haus des Herrn, werden grünen in den Vorhöfen unseres Gottes.

PSALM 92,14

„Ach Herr, wenn du leibhaftig hier wärest wie damals in den Evangelien, greifbar, hörbar, sichtbar, unwiderstehlich – dann wäre alles viel einfacher ..."

Ertappen Sie sich auch ab und zu bei diesem Gedanken? Gott hat Vorsorge getroffen. Tatsache ist: Er ist hier, leibhaftig, spürbar, hörbar, sichtbar und hoffentlich unwiderstehlich. In dir, in mir. Denn „[...] wie er [Christus] ist, sind auch wir in dieser Welt" (1. Johannes 4,17).

Diese Antwort will ich nicht immer hören. Denn sie bedeutet, dass ich, ob ich es will oder nicht, das Schaufenster bin, in dem meine Kinder Christus erkennen sollen. Nicht nur an den sonnigen Tagen. Nicht nur, wenn ich gut gelaunt bin.

Gott sei Dank stehe ich mit dieser Herausforderung nicht allein. Als er in den Himmel auffuhr, hinterließ er ein Vermächtnis. „Ihr seid aber der Leib Christi" (1. Korinther 12,27). Gott mutet seiner Gemeinde tatsächlich zu, die Verlängerung seines Aufenthalts auf dieser Erde zu verkörpern. In welchem Bereich ist das wichtiger, als wenn es um unsere Kinder geht?

Wir zusammen als Kirche, behauptet Jesus, stellen sein Wesen und sein Wirken dar, bis er wiederkommt. Er stellt sich zu dieser Kirche, mit all ihren Macken und Unvollkommenheiten, denn wo zwei oder drei versammelt sind, ist er mitten unter ihnen (Matthäus 18,20).

Eine einzigartige Verheißung seiner Gegenwart liegt auf diesem Kollektivausdruck des Glaubens.

Christliche Eltern vergessen oft, dass die süßen Kleinen, die in der trauten Familienrunde Bibelverse auswendig lernen, voller Begeisterung „Zachäus war ein kleiner Mann" singen und gerne „Ja" sagen, wenn sie aufgefordert werden, Jesus ihr Herz zu schenken, bald Pubertierende werden, deren Schicksal oft von einem einzigen Faktor abhängt: welche Freunde sie haben. Klug ist es, diese Frage möglichst im Vorfeld zu klären. Denn in dieser Zeit ist es nötiger denn je, dass der Glaube im Miteinander einer gemeinsam gelebten christlichen Lebenskultur spürbar, sichtbar und greifbar wird.

Natürlich gibt es keine Garantien. Gläubige Könige im Alten Testament hatten ungläubige Kinder. Ungläubige Könige hatten gläubige Kinder. Selbst die besten Eltern können nicht das Schicksal ihrer Kinder bestimmen, noch sollen sie es. Den eigenen Lebensweg zu wählen, bleibt ein sakrales Recht. Aber eine Atmosphäre zu schaffen, in der die Gefahr geringer ist, dass unsere Kinder ihrer Kirche irgendwann ade sagen – an dieser Herausforderung führt kein Weg vorbei. Und dies ist nicht in erster Linie eine Frage des Stils, wie manche irrtümlich glauben. Dass Orgelklänge in der Kirche von Schlagzeug und Band ersetzt werden und traditionelle Liturgien durch Rock-Balladen ersetzt werden, ist kein Garant dafür, dass die Jugend ihr Herz für Gott öffnet.

Gute Vorbilder schon eher. Bei Eltern, die in einer gesunden Gemeinde verwurzelt sind und sich mit Freude für Gott und seine Gemeinde einsetzen, stehen die Chancen gut, dass ihre Kinder das Gleiche tun. Den Preis für die wachsende geistliche Beliebigkeit unserer Zeit bezahlen leider unsere Kinder. Einzelkämpfer, die ihre geistliche Nahrung im Internet oder in Gelegenheitsereignissen suchen, haben einen schweren Stand in einem Umfeld, das christlichen Werten aggressiv gegenübersteht. Wer den Sonntagsgottesdienst mit zusammengebissenen Zähnen besucht und andauernd über Mitchristen, Gemeindeleiter und andere Konfessionen klagt, darf sich nicht wundern, wenn die eigenen Kinder irgendwann keine Lust mehr auf den Glauben haben. Frömmigkeit vermischt mit Zynismus: Einen giftigeren Cocktail können wir unseren Kinder nicht anbieten.

Die Vorteile eines fröhlichen Gemeindelebens sind dagegen unschätzbar. Kinder lernen soziale Kompetenzen, die in einer egozentrischen Gesellschaft zunehmend gefragt sind. Eine gute Gemeinde bietet jungen Menschen die Möglichkeit, ihre Gaben zu entwickeln, Verantwortung zu übernehmen, biblische Grundsätze als etwas Positives und Verbindendes zu erleben. In einer Welt, in der allein der Spaßfaktor Entscheidungen lenkt, sind Jugendliche, die ihren christlichen Glauben ernst nehmen, potenziell begehrte Führungskräfte – auch außerhalb kirchlicher Kreise. Nicht der flotte Beamer oder die Diskobeleuchtung im Gottesdienst sind der entscheidende Faktor, sondern stabile Bezugspersonen wie ein guter Jugendleiter.

In so einer Atmosphäre wird auch das Programm attraktiv sein, unabhängig davon, welcher kirchlichen Tradition es entstammt, ob die Mädchen lange Röcke zum Gottesdienst tragen und die Haare zu einem Knoten am Hinterkopf binden oder geschminkt und in modernen Jeans auftauchen. Und die Deborahs, Esthers, Ezras, Daniels und Nehemias einer heidnischen Generation werden ihren biblischen Namen alle Ehre machen. Die Frage, in welcher geistlichen Umgebung wir unsere Familie prägen lassen wollen, kann unter Umständen größere Auswirkungen auf das Schicksal unserer Kinder haben als Entscheidungen, die mit Beruf, Geld, Hausbau, Kindergarten oder Schule zu tun haben.

Zum Nachdenken:

- *Sind wir als Familie „im Haus des Herrn" verwurzelt? In einem Haus, das lebendig und ansprechend ist, das Wort Gottes ernst nimmt und ein Herz für Kinder und Jugendliche hat?*
- *Tragen wir als Familie dazu bei, dass Christus in seiner Kirche spürbar, hörbar, sichtbar und unwiderstehlich wird?*

4. Die turbulenten Jahre

Bücher und Beziehungen

Lehrer, wo hältst du dich auf?
JOHANNES 1,38

„Liest du mir aus Narnia vor?"

Meine Tochter hatte mit ihren 16 Jahren eine herbe Enttäuschung zu verkraften und war in Tränen aufgelöst. „Was, in deinem Alter ...?", wollte ich sagen, schluckte die Worte aber noch rechtzeitig runter und holte stattdessen den „König von Narnia" vom Regal.

Wir lasen von Lucys Begegnung mit Tumnus, dem Faun, nach ihrem Gang durch die Schranktür und davon, dass in Narnia immer Winter ist, aber nie Weihnachten. Wir erlebten wieder den Verrat und die Enttäuschung, während Lucy versucht, ihren Geschwistern von Narnia zu erzählen und ausgelacht wird, auch von dem Bruder, der selber auch in Narnia war, aber es nicht zugeben will.

„Mama, deine Handcreme duftet", sagte plötzlich meine aufmerksame Zuhörerin.

Eine warme Decke, ein Becher heiße Schokolade und noch ein Kapitel Narnia, bis zu der Stelle, an der die Biber vorgestellt werden, und bald zog sich meine Tochter zurück und plauderte mit einer Freundin am Telefon.

Ich legte das Buch weg, schlürfte meinen Nachmittagstee, und dachte nach. Offensichtlich ging es ihr nicht darum, ihre Kenntnisse über Narnia aufzufrischen. Beim Vorlesen einer Geschichte geschehen ganz unterschwellig ein paar entscheidende Dinge. Die Pflege einer Beziehung. Wärme. Der Trost eines vertrauten Miteinanders. Austausch. Zugehörigkeit. Alles eben, was menschliche Nähe ausmacht. Diese Nähe zu schaffen, bedarf keiner besonderen sozialen Künste. Nur Verfügbarkeit.

Manchmal reicht ein längst zerflattertes Lieblingsbuch mit seinen Eselsohren. Oder ein paar Wachsmalstifte und Papierbögen. Oder die Kiste mit den alten Bausteinen, deren Bauanleitung längst verschwunden ist. Nur der blaue Schiffsrumpf erinnert noch daran, dass es sich bei der Duplokiste ursprünglich um eine Autofähre handelte. Wir bauen aus allen noch brauchbaren Steinen stattdessen einen Turm bis zur Decke. Aber wir machen es miteinander. Der Klang der lachenden Stimmen ist das, was die Seele ernährt, nicht das Geschick der Feinmotorik. Den Augenblick genussvoll erleben und dann im Gedächtnis speichern – schon wieder ein Baustein für eine gesunde Entwicklung. Solche Momente sind unbezahlbar.

„Mama, deine Handcreme duftet." Oder: „Papa, welches Rasierwasser hast du heute benutzt?" Auch wir Eltern brauchen das Gefühl „hier gehöre ich hin", „wir zwei, wir halten zusammen". Auch unsere Seele wird durch die Vorlesestunde belebt und erfrischt. Kindererziehung ist nicht nur Arbeit. Familie ist nicht nur eine Aufgabe, nicht nur ein weiterer Stressfaktor unter vielen oder ein Posten zum Abhaken auf der To-Do-Liste. Sie kann auch für uns Eltern eine Lebensquelle sein.

„Meister, wo hältst du dich auf?", fragten die Jünger am Anfang des Johannesevangeliums. Nicht: „Welche theologische Richtung vertrittst du?" Auch nicht: „Welche Vorteile haben wir, wenn wir mit dir mitziehen?" Oder: „Was hast du zu bieten, damit wir im Leben weiterkommen?"

Seine Antwort? „Kommt und ihr werdet sehen!" Er belehrte sie nicht, er pochte nicht auf die Wichtigkeit seiner Privatsphäre, er erklärte nicht sein Dienstkonzept. Er lud sie schlicht und einfach in sein Leben ein.

Kein Wunder, dass „sie kamen nun und sahen, wo er sich aufhielt, und blieben jenen Tag bei ihm" (Johannes 1,39).

Das ganze Treiben um Jesus herum verbreitete den Duft von geteiltem Brot, Tischgemeinschaft und Geschichten am Lagerfeuer am Ende eines anstrengenden Tages. Es war seine Person, nicht nur seine Predigt, die faszinierte. Sein Wesen, nicht sein Wirken. Fernab der Welt von Formularen, Stempeln, Kompetenzanalysen und allgegenwärtigen Förderungsinitiativen unter dem scharfen Blick allwissender Experten verschenkte der Schöpfer der Menschheit das, was wirklich zählt: sein eigenes Herz. Und wir dürfen von ihm lernen. Wenn ein biblisches Prinzip für die Pubertät unserer Kinder wichtig ist, dann dieses.

> Zum Nachdenken:
>
> - *„Meister, wo hältst du dich auf?" Fallen mir weitere Bibelstellen ein, in denen es Jesus in erster Linie um die Beziehung zu seinen Jüngern ging und nicht um ihren Dienst?*
> - *Wo kann ich in meinem Alltag Momente frei machen, um meinen Kindern gezielt Nähe und Gemeinschaft zu schenken?*

Party feiern – mal anders

Kinder, lasst uns nicht lieben mit Worten noch mit der Zunge, sondern in Tat und Wahrheit!

1. JOHANNES 3,18

Ich betrat das Klassenzimmer zur gewohnten Stunde und fand es zu meiner Überraschung leer vor. Hatte ich einen Klassenausflug übersehen oder die Tage aus Versehen verwechselt? Dann hörte ich Gekicher, danach noch einmal.
„Wir sind alle hier, Frau Vollkommer!"
Ach so, ein Streich.
„Jan-Lukas hat heute Geburtstag und wir wollen ihn überraschen! Sobald er kommt, springen wir alle aus unserem Versteck und singen Happy Birthday, und Sie spielen dazu Gitarre!"
Doch kein Streich. Zumindest galt er nicht mir.
Ganze 24 Teenager hatten sich im Klassenzimmer verteilt, tatsächlich so, dass man auf den ersten Blick keinen einzigen davon sehen konnte. Nur bei genauerem Hinblicken und nur, wenn sie sich bewegten, sah man eine Reihe von Füßen, die hinter den Ausklappteilen der Tafel ganz unten hervorlugten. Ein Schüler hockte in der großen Mülltüte, die für Altpapier bestimmt war. Drei weitere unter dem Lehrerpult, noch mal ein paar dahinter. Einige hinter dem großen Schrank, der Rest unter Schülertischen verteilt, durch aufgestellte Schulranzen und hängende Sportbeutel abgeschirmt. Ein Mädchen spielte draußen an der Treppe Wachposten. Die Spannung stieg. 24 Augenpaare leuchteten, 48 Füße hatten Mühe, stillzuhalten und nicht zu zappeln und das immer wieder ausbrechende Gekicher aus einem Eck wurde durch das verärgerte „Schhhhh!" aus einem anderen Eck übertönt. Ich stand mittendrin mit der Gitarre in der Hand und konnte mich vor Lachen kaum retten.
Der Wachposten stürzte hinein: „Er kommt! Er kommt!" Alle hielten still. Jan-Lukas schlenderte ahnungslos ins Klassenzimmer,

und alle sprangen auf einmal aus ihren Verstecken und führten das Geburtstagsständchen auf. Der Auftakt zum Musikunterricht war schon gegeben, wir sangen einfach weiter. Eine halbe Stunde lang.

Eine ganze Gruppe verschwört sich und scheut keinen Aufwand, um einem aus ihrer Mitte eine unvergessliche Freude zu machen. Das Leuchten der Augen währenddessen und das freudige Singen danach lassen vermuten, dass das nicht das letzte Mal sein wird.

Jesus hatte recht. Wenn du glückliche Menschen finden willst, dann such solche, die darauf bedacht sind, andere Menschen glücklich zu machen. Geben macht in der Tat reich.

Zum Nachdenken:

- *Wann habe ich selber das letzte Mal erlebt, dass Geben glücklich macht?*
- *Wie kann ich diese Erfahrung zu einer Gewohnheit und einer Familienkultur machen?*

Gottes Liebeskummer

Wie oft habe ich deine Kinder versammeln wollen wie eine Henne ihre Brut unter die Flügel, und ihr habt nicht gewollt!

LUKAS 13,34

Es war wieder einer jener Erziehungstage. Aufmüpfigkeit in vierfacher Ausführung. Unmengen von ungemachten Hausaufgaben, giftigen Seitenhieben mit entsprechenden Retourkutschen von mir, unerfüllten Pflichten, und mindestens zweimal ein „Du bist unmöglich, Mama" und einmal ein „Wenn wir so lästig sind, warum hast du Kinder gekriegt?". Volltreffer. Ich sagte es nicht laut, dachte aber rebellisch: „Hmmm, warum eigentlich?"

Am Boden zerstört, zog ich mich zurück, um weiteren Schäden vorzubeugen. Wenige Tage später las ich die Geschichte von Noah in der Bibel. Ein kleiner Vers stach mir dabei zum ersten Mal ins Auge:

„Es reute den Herrn, dass er den Menschen auf der Erde gemacht hatte" (1. Mose 6,6).

Die Bibel ist erfrischend ehrlich: Gott höchstpersönlich, nicht mit Imagepflege beschäftigt, sondern mitten in einer Depression. Ein gebrochenes Elternherz ist wohl keine moderne Erfindung.

Vielleicht ging es ihm so wie uns. Was ich auch machte, es hatte negative Konsequenzen. Noch negativere Konsequenzen hatte es allerdings, wenn ich gar nichts machte. Ich schwankte zwischen Schmuse-Mama, die alles durchlässt, weil sie ihr Kind ach so lieb hat, und grausamem Kontrollfreak, der nach der So-weit-und-nicht-weiter-Taktik verfährt. Mitunter gab es mich in beiden Varianten, manchmal innerhalb einer Stunde. Und mitten in dieser Achterbahn des emotionalen Wirrwarrs erinnerten die vielen Erziehungsratgeber wieder mal daran, dass ein konsequenter Erziehungsstil das A und O ist.

Die Pubertät ist die Phase, in der Erziehung von vorne anfängt. Gerade dachte man, das Gröbste sei vorbei, da muss man sich damit abfinden, dass das Allergröbste erst noch kommt. Früher lehrte man sie, wie wir Tortenstücke miteinander teilen. Jetzt müssen sie lernen, wie man den DVD-Spieler teilt. Und dass man nach dem Autoschlüssel fragen muss, genau wie früher nach dem Tesafilm.

„Trainiere ein Kind in dem Weg, den es gehen soll: und wenn es erwachsen ist, wird es nicht von ihm abweichen" (Sprüche 22,6).

Dem Sinn nach, so behaupten die Experten, lautet die Anweisung, „trainiere und bleib dabei, zu trainieren". Diese Entdeckung macht mir immer wieder Mut. Es ist doch normal, dass Kinder für die moralischen Imperative des Lebens ein abnormal schlechtes Gedächtnis haben. Und wenn mein Sohn schon wieder auf meinen Hinweis, den Tisch abzuräumen, so eingeschnappt reagiert, als ob er von so einer Zumutung noch nie in seinem Leben irgendwas gehört hätte, dann gebe ich nicht auf. Ich bleibe dran.

Selbst Gott pendelt zwischen abgöttischer Liebe für seine Kinder und unbändigem Frust hin und her. Einmal: „Mit ewiger Liebe habe ich dich geliebt, darum habe ich dir meine Güte bewahrt" (Jeremia 31,3). Ein anderes Mal: „Ich werde dich in die Hand derer geben, die nach deinem Leben trachten" (Jeremia 22,25). Beeindruckende Stimmungsschwankungen. Auch der Erzieher aller Erzieher schlägt die Hände über dem Kopf zusammen, grübelt verzweifelt über das nach, was schief gelaufen ist, prüft, ob er wirklich alle Maschen schon probiert hat, um aufsässige Kinder in die rechte Bahn zu bringen, schaut ratlos zu, wie seine Mühen ins Leere laufen. Jesus war ihm verblüffend ähnlich – wen wundert es? Einmal roher Zorn, als er im Tempel mit dem Stock um sich schlägt, ein anderes Mal emotionaler Tränenausbruch und die Klage: „O Jerusalem, wie oft habe ich deine Kinder versammeln wollen wie eine Henne ihre Brut unter die Flügel ..." (Lukas 13,34).

Auch Gott musste sich mit der Du-bist-aber-gemein-Leier auseinandersetzen: „Wir wollen zurück nach Ägypten!" (vgl. 2. Mose 16,3). Auch seine Kinder fielen mit den Die-anderen-dürfen-es-auch-Argumenten über ihn her: „Ein König soll über uns sein – damit auch wir sind wie alle Nationen!" (1. Samuel 8,20).

Er hilft ihnen aus der Patsche und wird dafür beschimpft. Er gibt seinen Kindern das, was sie wollen, und erhält nicht mal ein Dankeschön. Er segnet und muss zuschauen, wie sein Segen vergeudet und mit den Füßen getreten wird. Trotzdem liebt er ohne Gegenleistung. Seine Liebe hat immer das letzte Wort. Auch ich habe ihn enttäuscht, ihn immer wieder verachtet, ignoriert, ihm für seinen Segen nicht gedankt. Aber er hielt die Treue, auch mir. Und immer noch streckt er seine Flügel mit der Einladung aus, dort Schutz zu finden.

In gewissem Sinne steckt der pubertierende Teenager in uns allen drin. Wir haben nur den Vorsprung gegenüber unseren Kindern, dass wir gelernt haben, ihn besser zu überspielen ...

Zum Nachdenken:

- *Wann hat Gott mich „unter seinen Flügeln sammeln" wollen, und ich wollte nicht?*
- *Danke ich ihm täglich für seine Ausdauer und nie aufhörende Mühe mit mir?*

Kaderschmiede für Superstars

Der Junge Samuel aber nahm immer mehr zu an Alter und Gunst bei dem Herrn und bei den Menschen.

1. Samuel 2,26

Jugendliche, die begabt sind – wer hätte sie nicht gerne?

Die Aufführung war alles andere als perfekt gewesen. Prima-Ballerinen, aufgeputzt wie Porzellanpuppen, bohrten in der Nase oder kratzten sich am Hintern, während ihre Trainerin, halb versteckt hinter dem Bühnenvorhang, wild gestikulierte, um sie zu ihren Pirouetten zu animieren. Stattdessen blickten die kleinen Mädchen wie benebelt in die Lichter und fuchtelten wild in der Luft herum, sobald sie hier eine Oma, dort eine Tante im Publikum sichteten.

Trotzdem berührte dieses Nussknackerballett mein Herz mehr als die russischen Tänzerinnen, die das Stück schon mal in der gleichen Halle mit fehlerlosem Glanz aufgeführt hatten.

Die Hauptdarstellerin, die die Heldin Clara spielte, war meine junge Freundin Beatrice. Ich hatte von ihrer Mutter eine Freikarte bekommen. Als ich in der Halle ankam, stieß ich auch auf eine ehemalige Schülerin, die stolz erzählte, ihre Cousine wäre ein Partygast in der Geburtstagsszene. Danach traf ich eine Kollegin, deren Tochter eine der Mini-Tänzerinnen war. Ein kollektives „Wie süß!" wurde jedes Mal durch das vollbesetzte Haus geraunt, wenn diese kichernd auf die Bühne hüpften und mit ihren winzigen Tutus hin- und herwackelten. „Wie kriegt sie die alle vorher auf die Toilette …?", schoss es mir geschwind durch den Kopf. Sie musste ein regelrechtes Heer von Backstage-Helferinnen haben.

Hausgemachte Talente haben es in sich. Da war zwar wenig, was für die große Bühne in Moskau oder Paris getaugt hätte. Aber das war egal. Meine persönlichen Superstars waren beteiligt, und ich platzte beinahe vor Stolz.

Der Kreis der Familie und Freunde bleibt eben die effektivste Schmiede für die Talente, die im Leben wirklich zählen. Ich denke an unser Krippenspiel, in dem die Heiligenscheine abhanden kamen und die Hinterbeine des Kamels wegen einer Grippe ausfielen. An die Weihnachtsfeier im Seniorenheim, vor deren Beginn wir uns verfahren hatten und deshalb zu spät kamen. Das Problem: Ich hatte Maria, Josef, den Engel Gabriel und die Krippe in meinem Bus. Trotzdem war die Aufführung ein Erfolg.

Der Aufmarsch der TV-Castingshows darf unseren Kindern nicht vorgaukeln, dass Talent mit Ruhm, Geld und Markenkleidung zu tun hat. Die „kleinen" Talente, die im direkten Umfeld wuchern, haben im Gegensatz dazu eine persönliche Note, die Spuren hinterlässt und die die großen Stars nie liefern können. Das Nussknackerballett bewegte mich deshalb, weil „meine" persönliche Clara wie eine Prinzessin über die Bühne schwebte und mit tosendem Applaus belohnt wurde.

Zugegeben: Im Medienzeitalter ist es viel einfacher, Fußball im Fernsehen anzuschauen, als selber zu spielen. Die Farben sind schriller, die Atmosphäre prickelnder, die Trikots cooler. Helden von Zuschauerbänken aus zu verehren, kostet weniger Mühe, als selber einer zu werden. Eine Hausmusik zum Nulltarif zu machen, anstatt zum Robbie-Williams-Konzert zu pilgern – welche Mutter kommt sich bei so einem Vorschlag nicht hochgradig spießig vor?

Leben per Fernbedienung im Glanz der Stars – ohne die Anstrengung, es selber gestalten zu müssen: Die moderne Gesellschaft macht es möglich. Umso spannender ist es, sich der Konkurrenz zu stellen und den Familienalltag mit der Hilfe der hauseigenen Talente zu einem fröhlichen Dauerereignis zu machen, das sämtliche TV-Highlights fad erscheinen lässt und Kindern die Lust nimmt, ihr Gesicht an der Mattscheibe plattzudrücken und sich nur in den virtuellen Welten von Facebook und Twitter aufzuhalten.

Viel braucht es nicht dazu, ein Event selber auf die Beine zu stellen. Eine lustige Geschichte erfinden, ein Lied selber komponieren und vorspielen: Drei Akkorde auf der Gitarre reichen für den Anfang. Sich gemeinsam bei einem Abend mit Spontantheater kaputtlachen. Das Gemeindeleben mit allen möglichen festlichen Darstellungen bereichern. Straßenfeste in der Nachbarschaft organisieren.

Bemühungen feiern um der Bemühungen willen, unabhängig vom Ergebnis. Ergebnisse werden im Leben schnell genug in die Waagschale geworfen und nur nach ihrem Marktwert und Umsatzpotenzial beurteilt.

Meine Freundin Beatrice hat es nicht nötig, mit den Profi-Tänzerinnen im Moskauer Staatstheater mitzuhalten. Die trippelnden Mini-Ballerinen auch nicht. Sie haben Bildung in ihrer effektivsten Form entdeckt: in einer Bindung an bestimmte Menschen und in der Begleitung im engsten Kreis der Familie und der Freunde. In diesem Umfeld wird sich der Erfolg des Nussknackerballetts auch auf andere Bereiche ihres Lebens auswirken. Denn es gibt einen Einfluss, der den Menschen mehr prägt als jeder andere, und das ist der andere Mensch.

Ein kleiner Anfang, mag sein. Aber was hat der Prophet im Alten Testament gesagt?

„Verachte nicht den Tag des geringen Anfangs" (Sacharja 4,6-10).

Und wer weiß? Vielleicht bekommt die eine oder die andere Beatrice dieser Welt irgendwann doch die Möglichkeit, mit den wirklich großen Stars im Moskauer Staatstheater zusammen zu tanzen, und, wie Samuel im Alten Testament, „Gunst bei Menschen" zu finden.

Zum Nachdenken:

- *Habe ich ein Auge dafür, die noch so kleinen Talente meiner und anderer Kinder zu suchen und zu fördern?*
- *Wie kann ich konkrete Möglichkeiten dafür schaffen?*

Gott mutet es uns zu

Ich bitte nicht, dass du sie aus der Welt wegnimmst, sondern dass du sie bewahrst vor dem Bösen.

Johannes 17,15

„Mann, bist du peinlich, Mama – so was zieht heute keiner an!"

Mein Atem stockte. Hiermit war der ultimative Beweis geliefert, dass die Pubertät im Anmarsch war: Mein Sohn wollte nicht mit mir zusammen gesehen werden.

Als gewissenhafte Mutter muss man sich frühzeitig wappnen. Welche Optionen haben wir?

So tun, als ob es die Pubertät nicht gäbe? So wie meine Mutter? Sie hatte aber gut reden. Wir lebten ohne feste Adresse mitten im afrikanischen Busch. Wir brauchten keine Kriegsspiele, wir erlebten einen echten Krieg. Auch spannende Filme brauchten wir nicht. Das echte Leben war hollywoodtauglich genug. Auf die Idee, gegen unsere Eltern zu rebellieren, wären wir nie im Leben gekommen. Mal ehrlich, diese Bedingungen kann ich meinen Kindern im modernen Deutschland nicht bieten.

Option eins: Sich abschotten? Sich in eine christliche Lebensgemeinschaft zurückziehen, in eine handyfreie Zone mit organisierter Frömmigkeit? Damit unsere Kinder ja nicht mitkriegen, dass es so was wie Pornografie oder Ecstasy gibt? Der Schuss kann kräftig nach hinten losgehen, wenn selbstsüchtige Motive dahinter stecken. Horrorstorys von religiös angepassten Kindern, unter deren Betten harte Drogen entdeckt wurden, gibt es zuhauf.

Option zwei: Die Kinder sich selbst überlassen, frei nach dem Motto: „Falls sie wollen, stehe ich ihnen mit Rat und Tat zur Seite." Das Problem ist, dass die meisten Teenager unseren Rat nicht wollen. Auch christliche Kreise sind heutzutage von der Leben-und-leben-lassen-Pädagogik durchdrungen. Es scheint manche Eltern nicht mehr zu stören, wenn ihre Kinder mit dem Glauben ihrer Väter nichts mehr zu tun haben wollen.

Jesu Rezept lautete: in der Welt sein, aber „bewahrt vor dem Bösen". In der Welt, aber abgesondert von der Welt. Die Spannung der In-aber-nicht-von-der-Welt-Aussagen in Johannes 17 haben in der Geschichte vom Volk Gottes Tradition. Abraham wird aus einer barbarischen Kultur herausgerufen, um der Welt zu zeigen, dass das Leben anders laufen kann. Er soll eine neue Dynastie gründen, die das Wesen eines liebenden, gerechten Gottes reflektiert. „In dir sollen gesegnet werden alle Geschlechter der Erde" (1. Mose 12,3). Der Prophet Bileam lobt in 4. Mose 23,9 ein Volk, das „gesondert wohnt und sich nicht zu den Nationen rechnet". Haman, der Erzfeind Israels, schimpft über das Volk, das „abgesondert lebt", dessen „Gesetze von denen jedes anderen Volkes verschieden sind" (Esther 3,8).

Bei alledem wird klar vorausgesetzt, dass Kinder gottesfürchtiger Eltern in dieser Gottesfurcht großgezogen werden.

Mose fordert sein Volk mit Nachdruck auf, „und du sollst sie [diese Worte] deinen Kindern einschärfen" (5. Mose 6,7ff). Neutestamentliche Schreiber greifen das Thema auf, etwa der Apostel Paulus in seinem Brief an seine Freunde in Ephesus: „Und ihr Väter, reizt eure Kinder nicht zum Zorn, sondern zieht sie auf in der Zucht und Ermahnung des Herrn!" (Epheser 6,4).

Auch erwachsenen Kindern wird zugemutet, ihre Väter zu ehren. Der Priester Eli wird für das zuchtlose Treiben seiner erwachsenen Söhne ohne Wenn und Aber zur Verantwortung gezogen (1. Samuel 3). David bezahlt einen hohen Preis dafür, dass er seinen Sohn Amnon nach der Schandtat gegen Tamar nicht bestraft (2. Samuel 13).

Unwillkürlich gehen mir die Gesichter lieber Freunde durch den Kopf, die diese biblischen Impulse mit bestem Wissen und Gewissen umsetzen wollten und nun ratlos dastehen, nachdem der Sohn das Auto seines Kumpels zu Schrott gefahren hat, weil er zu viel getrunken hatte. Oder nachdem die Tochter angekündigt hat, sie habe ein ungewolltes Baby abgetrieben. Anweisungen wie „Ihr Kinder, seid gehorsam euren Eltern in dem Herrn" (Epheser 6,1), klingen wie blanker Hohn. Selbst Erwachsene, die mit christlichen

Werten groß geworden sind, brauchen Mut, diesen Werten treu zu bleiben. Wie ist es erst für Kinder, die noch nicht die Reife einer langjährigen Beziehung zu Gott haben? Die sozial ausgegrenzt sind, weil sie zum nicht jugendfreien Film nicht mitdürfen? Die sich äußerlich an Regeln anpassen, innerlich aber nicht überzeugt sind und nicht wissen, wohin mit der inneren Verbitterung?

Vielleicht muss man Zumutungen einfach stehen lassen. Auch Hiob erlebte, dass man alles richtig machen kann und dafür nur bestraft wird. So schien es zumindest.

Trotzdem ließ er Gott das letzte Wort haben. Manchmal muss Gott eben Gott sein dürfen, uns herausfordern dürfen. Und trotz allem biblisch zu leben, trotz allem zu vertrauen, ist auch biblisch.

Ganz abgesehen davon: Auch bei den rebellischsten Teenagern ist das letzte Wort noch nicht gesprochen. Wir dürfen gemäß Jesu Vorbild für die uns Anvertrauten beten, dass Gott sie vor dem Bösen bewahrt.

Zum Nachdenken:

- *Was bedeutet für mich und meine Familie das Prinzip „in der Welt, aber nicht von der Welt"?*
- *Bleibe ich fest und fürbittend im Glauben, dass meine Teenager die Wege gehen werden, in denen ich sie erziehe, auch wenn es jetzt gerade anders aussieht?*

Mit Humor gegen das große Schweigen

Ich war zu erfragen für die, die nicht nach mir fragten; ich war zu finden für die, die mich nicht suchten. Ich sprach: Hier bin ich, hier bin ich!, zu einer Nation, die meinen Namen nicht anrief.
JESAJA 65,1

„Wie war es heute in der Schule?"
„Gut."
„Und der Mathetest, wie war der?"
„Gut."
„Hast du für Deutsch gelernt?"
„Nein."
Blöde Frage. Hätte ich wissen können. Ein paar Mal Ja-und? und Ist-mir-doch-egal und im schlimmsten Fall noch ein Lass-mich-in-Ruhe. Oder ich werde mit einem flüchtigen Was-gibt-es-zum-Essen? abgespeist und das Gespräch ist zu Ende. Kommunikationsdemenz hat sich in der Familie schon breitgemacht.

Die mütterliche Fantasie spielt dem Verstand sofort wieder Streiche. In welchen Welten bewegt sich der Kerl gerade? Ist er schon in einem dubiosem Netzwerk gelandet? Kriegt er Taschengeld von irgendwelchen Schurken?

Das Problem ist: Die heutigen Jugendlichen halten sich vorwiegend in erwachsenenfreien Zonen auf. Als wir jung waren, hatten wir zu wenig Privatsphäre, um Unfug zu machen. Das Telefon war in aller Öffentlichkeit im Wohnzimmer an einer Schnur befestigt, sodass jeder mitkriegte, welche Gespräche mit wem liefen. Einzelzimmer und Chatrooms, in denen kein Erwachsener weit und breit zu sehen war – das gab es nicht.

Meine strapazierten Nerven mussten immer wieder Selbstgespräche führen.

Es lebe der Humor und die dicke Haut.

Bloß nicht persönlich nehmen, wenn die jugendlichen Hormone wieder sprudeln und das Einmaleins der einfachsten Gesprächsführung abhanden kommt. Der Austausch von Belanglosigkeiten ist immerhin besser als gar kein Austausch. Den Informationsfluss ja nicht abreißen lassen. Jungs haben bekanntlich keinen starken Drang, in die Tiefen ihrer Seelenlandschaft hineinblicken zu lassen. Müssen sie meinetwegen auch nicht. Bleiben unsere Gespräche also bei ein paar Basics wie dem Champions-League-Spiel und dem neuesten James-Bond-Streifen. Und wenn wieder ein Ach-Mama-du-hast-keine-Ahnung-Spruch kommt, auch nicht persönlich nehmen. Hauptsache, es wird überhaupt geredet. Auch wenn nur in einzelnen Silben und Grunzlauten. Trotzdem den Anspruch stellen, zu wissen und mitreden zu dürfen, wo sie mit wem zusammen waren und wie und wann sie heimkommen. Sich trotzdem mutig auf Wortgefechte einlassen und das innere Waffenarsenal bereithalten, wenn eine dieser Die-anderen-dürfen-es-auch-Maschen mit dazugehörenden abfälligen Blicken aufgetischt wird.

In der Zeit, in der Zimmerarrest nicht mehr als Strafe, sondern eher als Belohnung empfunden wird, haben wir Eltern immerhin noch zwei Trumpfkarten in der Hand: das Auto und das Geld. Dass die Tochter plötzlich auf nett und lieb macht, nur weil sie einen finanziellen Zuschuss für das Konzert braucht, das geht nicht. Angriff und Gegenangriff. Man muss seine Strategie durchdenken und seine Treffer landen. Die Schlecktüte bleibt. Nur der Inhalt hat sich geändert. Nicht mehr Gummibärchen und Holzpuzzles, sondern Banknoten und der Autoschlüssel sind es, die ein Bitte, Danke und Ach-bist-du-lieb-Mama aus den Tiefen des jugendlichen Unterbewusstseins herauslocken können.

Warum bleibt die gesamte Initiative für jeden Liebesbeweis und jeden Kommunikationsansatz eigentlich bei mir? Diese Einbahnstraßen zermürben mich manchmal. In solchen Momenten erinnere ich mich daran, dass es Gott selber immer wieder ähnlich ergangen sein muss: „Ich war zu erfragen für die, die nicht nach mir fragten, ich war zu finden für die, die mich nicht suchten. Ich habe den ganzen Tag meine Hände ausgebreitet zu einem widerspenstigen Volk" (Jesaia 65,1-2).

Der ultimative Ausdruck einer unerwiderten Liebe. Ausgestreckte Hände ins Leere hinein – und nicht einmal Grunzlaute als Antwort – das war schon immer Gottes Spezialität.

Und dennoch hat er die Liebesmühe nicht gescheut, und zwar „den ganzen Tag" lang nicht. Ringend, flehend. Der Vater, der jeden Tag auf das Dach steigt und nach dem wiederkehrenden Sohn Ausschau hält. Dieser Vater blieb hartnäckig, verfügbar, präsent, sichtbar. Auch in den Zeiten, in denen der Sohn mit ihm nichts zu tun haben wollte. Irgendwann kam er, dieser langersehnte Moment, in dem der kleine Punkt am Horizont immer größer wurde und der geliebte Sohn endlich nach Hause zurückkehrte. Die Mühe hatte sich gelohnt.

Statistiken belegen, dass Eltern, die – egal wie – mit ihren heranwachsenden Jugendlichen im Gespräch bleiben, auch wenn diese Gespräche aus Wortgefechten bestehen, langfristig besser fahren als die, die den Kampf zu schnell und widerstandslos aufgeben.

Die Arbeit einer Mutter in solchen Phasen ist eine emotionale Hochleistungsdisziplin.

Aber eine Sache ist, langfristig gesehen, noch anstrengender: Diese Arbeit nicht zu machen. Denn das, was wir säen, werden wir eines Tages auch ernten.

Zum Nachdenken:

- *Wie schnell bin ich gekränkt und eingeschnappt, wenn meine Jugendlichen sich nicht so verhalten, wie ich es möchte?*
- *Bleibe ich auch mit meinen schweigsameren Kindern im Gespräch? Auch wenn es mich viel Mühe kostet?*

Karriere auf dem Reiterhof

Erziehe den Knaben seinem Weg gemäß; er wird davon nicht weichen, auch wenn er älter wird.

SPRÜCHE 22,6

Ihre Spezialität war Literatur- und Sprachgeschichte. Mit ihren Forschungen über politische Tragödien in der französischen Literatur des 16. Jahrhunderts hatte sie es zu Ansehen in den Kreisen gebracht, die sich für so etwas begeistern. Sie hieß Dr. J, und ich kam in den Genuss, sie zwei Jahre lang als Tutorin zu haben. Auf Zehenspitzen betrat ich mit meiner Kommilitonin zusammen das Arbeitszimmer der exzentrischen Weltexpertin in Sachen Romanistik. Alle zwei Wochen kämpften und husteten wir uns durch den Zigarettenqualm, der uns an der Tür begrüßte – Dr. J war Kettenraucherin. Wir stolperten über die Berge von Papier und Büchern, die aus dem Boden wuchsen, versanken in den zwei uralten Sesseln mit ihrem verblichenen Blumenmustern, und warteten zitternd auf die Beurteilung unserer letzten Aufsätze. Dr. J ging nicht zimperlich mit den literarischen Analysen ihrer Schützlinge um. Ihre Spezialität: vernichtende Kommentare, die in zart besaiteten Seelen unheilbare Wunden schlagen konnten. Nur Studenten mit Nerven aus Stahl waren in der Lage, vom Einfluss dieses intellektuellen Genies zu profitieren.

Diese undurchdringliche Fassade akademischer Überlegenheit hatte aber eine Achillesferse. Diese zu treffen, bedeutete den Zugang zur einzigen weichen Stelle in diesem von französischer Dichtung durchdrungenen Dozentenherzen. Die schwache Stelle war Dr. J's Familie. Wenn sie von ihren Töchtern erzählte, kam die Akademikerin richtig ins Schwärmen. Und wir fragten gerne danach. Das war viel spannender, als unsere schäbig geschriebenen Aufsätze von ihrem flinken Gehirn zerrupfen zu lassen.

Etwas spät im Leben hatte Dr. J einen Matheprofessor geheiratet und Zwillinge bekommen. Bei jeder Gelegenheit prahlte sie damit, wie ihre Mädchen mit mageren Abschlussnoten die Schule als 16-Jährige verlassen hatten, nicht vorhatten, Abitur zu machen oder gar zu studieren, sondern im Doppelpack ihren Traumberuf als Pferdewirtinnen im örtlichen Reithof gefunden hatten. Es dauerte nicht lange, bis wir Studentinnen – neben den Irrungen und Wirrungen von Voltaire, Sartre, Camus & Co – auch die Namen sämtlicher Pferde kannten. Wir wussten, wie eine Besamung funktioniert, und waren mit dem ABC der Hufschmiede vertraut. Ich hatte nie das Vergnügen, die zwei jungen Damen persönlich kennenzulernen, hatte aber den Eindruck, dass es sich hier um gestandene Persönlichkeiten handelte, die einen gesunden Lebensweg eingeschlagen hatten.

Ich kenne Eltern, die es anders gemacht haben. Heiners Opa war Jurist, sein Papa ist Jurist. Dass Heiner irgendetwas anderes macht, als in den Kleinkram der Immobilien-, Familien- oder Betriebsgesetzgebung einzutauchen und dafür satte Umsätze zu erwirtschaften, kommt nicht infrage. Er muss, koste es, was es wolle, den Schnitt bekommen, den er für das Gymnasium braucht. Auch wenn er jede freie Stunde in der Nachhilfe verbringt. Auch wenn seine Leidenschaft für Bienen wie auch sein Wunsch, Imker zu werden, völlig brachliegt. Welche Hochschule er später besuchen soll, stand schon vor seiner Geburt fest.

Interessanterweise werden in der Bibel gerade die handwerklichen Berufe besonders geachtet. Nur Männer, die „mit dem Geist Gottes erfüllt, mit Weisheit, Verstand und Können und für jedes Kunsthandwerk, Pläne zu entwerfen ..." (2. Mose 31,3) ausgestattet waren, durften die Entwürfe für die Stiftshütte erstellen und die zierlichen Handarbeiten durchführen. Diakone, die in der Urgemeinde die Schürze umlegten und an den Tischen der Armen dienten, mussten „voll Geist und Weisheit" sein (Apostelgeschichte 6,3). Paulus, der Theologe, der in den Elite-Akademien seiner Zeit geschult worden war, war sich nicht zu schade, Stoffe für Zelte zu bearbeiten und zusammenzunähen (Apostelgeschichte 18,3).

Zwei hochrangige Akademiker waren schlau genug, von ihrer Mathematik- und Romanistikbesessenheit abzusehen, um ihren

Töchtern den Weg in den Pferdehof zu ermöglichen und auch noch stolz darauf zu sein. Alle Achtung. Ihr Dank dafür? Zwei glückliche Töchter. Um die Zukunft der Heiners dieser Welt kann man nur bangen. Entweder passen sie sich den Erwartungen ihrer Eltern mit aller Kraft an und zerbrechen innerlich dabei, oder sie brechen irgendwann aus und wagen es, eigene Wege zu gehen.

„Erziehe den Knaben auf dem Weg, den er gehen soll", rät der alttestamentliche König, der berühmt für seine Weisheit war. Nicht auf dem Weg, den ich als Mutter oder Vater für ihn aussuche. Auch nicht auf dem Weg, der unserem Prestige und unserer Eitelkeit als Eltern am besten dient. Manchmal muss man den Knaben eben den Weg gehen lassen, den er gehen soll. Dazu muss man rechtzeitig kapitulieren und zur Seite treten.

Zum Nachdenken:

- *Welche Lebensziele habe ich für meine Kinder?*
- *Entsprechen diese Ziele ihren Neigungen oder vermischen sie sich mit meinen Ambitionen für mein Kind?*

Die digitalen Miterzieher

Übrigens, Brüder, alles, was wahr, alles, was ehrbar, was gerecht, was rein, alles, was liebenswert, alles, was wohllautend ist, [...] das erwägt!
Philipper 4,8

„Neiiiiiin! Bloß nicht, Mama, du wirst süchtig! Facebook ist nix für dich! Finger weg!"
Wo hatte ich diese eindringlichen Sätze schon einmal gehört?
Wohl nach dem Infoabend, an dem eine Halle voller bleich dreinschauender Eltern vor den Gefahren des Internets gewarnt wurde. Empört fuhr ich nach Hause und belehrte meinen Mann und drei verblüffte Teenager über tödliche Suchtgefahren und pädophile Angriffe, die bei jedem Mausklick hinter dem Bildschirm lauern. Ich klärte sie über Endstationen mit Namen wie Amoklauf, Knast, Suizid und soziale Verwahrlosung auf und hielt einen Vortrag über den systematischen Abbau des Gehirns an der PC-Tastatur und die Abstumpfung des sozialen Gewissens. Mir war klar: Das Gespenst der digitalen Demenz warf schon seinen Schatten auf unser Familienglück voraus. Es konnte schon zu spät sein. Alle häuslichen Computer wurden zum Erzfeind erklärt. Am liebsten hätte ich sie an Ort und Stelle verbrannt.

Mein Mann klinkte sich energisch ein, um meinen antidigitalen Wahn einzudämmen und die sich anbahnende Jugendrevolte zu verhindern. Einige Diskussionen später einigten wir uns auf die gesunde Mitte, von der mein Mann schon immer ein großer Verfechter war.

Eins steht fest: Wir können die Uhr nicht zurückdrehen. Schon der Fernseher wurde zu seiner Zeit als Vorbote der Apokalypse verunglimpft – wir haben seine Ankunft aber überlebt. Klar, die digitale Welt bietet ganz andere Möglichkeiten der Fremdeinwirkung auf unsere Kinder. Die leichte Verfügbarkeit negativer Einflüsse ist in der Tat erschreckend.

Wir beschlossen daher, die digitale Welt in den Dienst des Familienglücks zu stellen. Vermutlich sind technische Geräte an sich weder gut noch schlecht. Jesus meinte wohl etwas Ähnliches, als er sich zum Thema Geld (in Matthäus 6,24 als „Mammon" personifiziert) äußerte, das nur dann zum Feind wird, wenn es Regie führt. Entweder sind wir seine Sklaven oder seine Herren. Ähnlich der digitale „Mammon". Das Internet kann mir auf die Schnelle Informationen zu den Hintergründen der Weimarer Republik liefern, ohne dass ich stundenlang in der Stadtbücherei stöbern muss. Es kann meine Seele aber auch mit einem aufdringlichen Cocktail aus Sex und Blutvergießen vor laufender Kamera ramponieren. Die Entscheidung liegt bei mir. Auch das können Kinder lernen.

Wir machten uns auf, unsere PC-Welt zu zähmen. Computer ja, aber nie hinter verschlossenen Türen. Das galt auch für die elterlichen PCs. Jeder sollte theoretisch zu jeder Zeit über jede andere Schulter sehen dürfen, was läuft. Internetzugang wurde nachts gesperrt. Vertrauen ist gut, aber Kontrolle besser. Für heutige Eltern gibt es Filtersysteme, die sie auf den Computern ihrer jüngeren Teenager installieren können.

Noch so gute Kontrollen schützen uns allerdings nicht hundertprozentig vor Pannen, zumal unsere Kinder um einiges digital versierter sind als wir. Ein Überwachungsstaat in Kleinformat wollten wir nicht werden.

Wir stellten uns aber dem Kampf. In der Bibel wurden Stadttore nicht ohne Grund rund um die Uhr bewacht. „Ich habe Wächter auf deine Mauern gestellt", redete Gott einst durch den Propheten Jesaja zu seinem Volk, „weder bei Tag noch bei Nacht soll ihr Ruf verstummen" (Jesaja 62,6). Die Feinde galt es fernzuhalten und die eigenen Bewohner in Alarmbereitschaft zu halten. Von einer sturen Unnachgiebigkeit ist hier die Rede. Auch wir Eltern müssen unsere „Eingangstore" immer wieder neu befestigen, wenn wir etwa Regelungen, die eigentlich klar waren, vor lauter Müdigkeit schleifen lassen. Auch wenn wir das unbehagliche Gefühl haben, permanent Nein sagen zu müssen. Eine rege Streitkultur ist besser als das Schweigen zweier Parallelwelten, die sich nicht mehr berühren. Vor allem, wenn eine dieser Welten eine digitale Welt ist.

Dann kann es vorkommen, dass die Rache uns heimsucht und die „Wächter auf der Mauer", die wir für den Schutz unserer Kinder bestellt haben, uns mit Sätzen wie Mama-ja-nicht-Facebook! überwachen und dafür sorgen, das wir nur das in unser Leben hineinlassen, was wahr, ehrbar, gerecht, rein, liebenswert und wohllautend ist.

Zum Nachdenken:

- *Haben wir unsere „digitalen Miterzieher" im Griff oder nehmen sie zu viel Raum im Leben unserer Kinder ein?*
- *Auf welche Richtlinien können wir uns als Familie einigen, um diesen „Mammon" Diener und nicht Herrscher sein zu lassen?*

Großes Kino mit der Liebe Gottes

Gott aber erweist seine Liebe zu uns darin, dass Christus, als wir noch Sünder waren, für uns gestorben ist.

Römer 5,8

In unserer Auseinandersetzung mit der Pubertät unserer Kinder haben wir Mütter eine Trumpfkarte in der Hand, die uns niemand nehmen kann: unsere Liebe zu ihnen. Klingt banal und ruft vielleicht nur ein müdes Lächeln hervor? Harmlose Vertrautheit – nett, wirkungslos und abseits der Realität?

Oder vielleicht doch nicht?

In den Metaphern der Bibel ist wahre Liebe so stark wie der Tod (Hohelied 8, 6). Auf unsere Kinder angewandt, bedeutet das: Keine noch so starke Einflussnahme der Welt kann mit der Tatsache konkurrieren, dass ich dieses Kind neun Monate lang unter meinem Herzen getragen habe, dass es ein Teil von mir ist. Diese Einmaligkeit ist das Kapital, mit dem wir auch in den Teenagerjahren arbeiten – etwas, was Gottes persönlichen Stempel trägt. Wenn das nicht großes Kino ist! Keine noch so kompetente Pflegetante kann an diesem kleinen Wesen so hängen wie ich es tue. Keine noch so ausgeklügelten pädagogischen Mechanismen können meine Nähe als Mutter ersetzen, das Urvertrauen, das der kindlichen Seele zusichert: Hier ist Heimat. Kinder wollen nicht nur geduldet oder behandelt werden, sie wollen gemocht werden. Gerade hierin liegt unsere große Chance.

„Ich habe keine Kraft mehr, er weicht mir aus!"

Meine Freundin Mira hielt inne. Ihr Mann Gregor überreichte ihr ein Taschentuch und übernahm den Gesprächsfaden. Er hatte dunkle Schatten unter seinen Augen, seine Stimme klang müde.

„Der Einfluss seiner Freunde ist zu stark", seufzte er. Als erprobter Pädagoge ließ er sich über die Übel des Zeitgeistes aus, über die Fluten von verlockenden Bildern, die sich rund um die Uhr und am Verstand vorbei an die noch ungezähmten Instinkte von Jugendlichen richten und ungeformte Seelen unter Dauerbeschuss setzen. Wer soll da die Kraft haben, klagte er, christliche Werte schmackhaft zu machen, die keine visuellen Reize anbieten?

Es handelte sich um Jochen, dessen Noten in den Keller gestürzt waren. Aus einem fröhlichen Jungen mit sonnigem Gemüt war über Nacht ein Schulverweigerer geworden, der sich am liebsten in seinem Zimmer aufhielt; aus dem kleinen Sonntagsschul-Preisträger war ein mürrischer Geselle geworden, der Kirche im höchsten Grad „uncool" fand. Das Problem: Jochen war gerade mal zwölf Jahre alt.

Mitfühlen, zuhören. Niedergeschlagenen Eltern das Gefühl vermitteln, dass sie nicht allein dastehen. Wie oft hat uns das geholfen, Engpässe in unserem Familienleben zu überstehen! Dennoch protestierten wir energisch gegen Gregors müden Pessimismus. Ob das Hauptproblem vielleicht weniger der bockige Teenie als vielmehr die schleichende Ohnmacht war, von der sich seine Eltern einschüchtern ließen?

Gott setzt in seinem Wort voraus, dass Blutsbande ein gewaltiges Potenzial zum Guten besitzen. Der legendäre Apfel fällt nicht so weit vom Stamm. Verhalten prägt, Vorbilder färben ab – leise, unauffällig, hartnäckig, mitten im Alltagstrott eines vollen Terminkalenders. Auch wenn uns als Eltern der Gedanke ab und zu gegönnt sein darf – stammt dieses kleine Monster wirklich von mir? –, entfaltet sich mitten in den unaufgeräumten Schlafzimmern in der Tat eine Dynastie. Die Bibel macht Andeutungen, dass von Gott geprägte Einflüsse in einer Familie letztlich die stärkeren sind. „Der ungläubige Mann ist durch die Frau geheiligt" und kann „durch der Frauen Wandel ohne Wort gewonnen werden" (1. Korinther 7,12-14). Kann nicht auch das Kind, das sich von seinen Eltern abgewandt hat, mitgeheiligt werden? Und durch die ansteckende Lebensart der Eltern zurückgeliebt werden?

Es ist ein Projekt mit Langzeitwirkung. Mit Eintagsfliegen und guten Absichten überlisten wir die Tücken der Welt nicht. Wie oft wollte ich meine Kinder mit Bibelzitaten belehren, sich christlich zu verhalten. Manchmal sprachen aber eine liebevolle Entschuldigung, ein freundliches Lächeln an der Tür, eine mitfühlende Berührung und eine zur Vergebung ausgestreckte Hand eine viel gewinnendere Sprache. In dieser Atmosphäre konnte ich mir eher ein Das-darfst-du-nicht oder ein Das-geht-jetzt-zu-weit leisten und schneller unterscheiden, wann Gnade, wann Strenge den Ton angeben soll. Aber vor allem lernten wir, die Nähe Gottes zu suchen, für unsere Kinder anhaltend zu beten, mit Gottes Kraft und Vollmacht zu rechnen und uns unsere Freude und Zuversicht nicht nehmen zu lassen.

Glückliche und zuversichtliche Menschen sind die, die die Welt ändern und Kinderherzen gewinnen. Nicht die, die immer wissen, was zu tun ist. Auch nicht die, die resigniert das Handtuch werfen.

Ist das nicht die Liebe, die sich auf den langen, zermürbenden Weg nach Golgatha aufmachte? Ohne eine Garantie, dass jemals ein Mensch Danke sagen würde? Aufgeben, kapitulieren? Für Jesus war das keine Option. Realitätsfernes Sonntagsgeplauder? Weit gefehlt! Kein Einfluss dieser Welt kann mit der Kraft dieser bedingungslosen Liebe konkurrieren.

Zum Nachdenken:

- *Ist mein Leben in der Liebe Gottes, die „stärker ist als der Tod", tief verwurzelt?*
- *Oder habe ich mich in meiner Kindererziehung zu sehr vom Zeitgeist und vom Gruppenzwang um meine Kinder herum einschüchtern lassen?*
- *Bin ich bereit, meine Verantwortung wieder in die Hand zu nehmen und meine Kinder in Gottes Vollmacht und Liebe zu führen?*

„Tolle Kinder hast du!"

Mein Sohn, geh heute hin, arbeite im Weinberg! Der aber antwortete und sprach: Ich will nicht. Danach aber gereute es ihn, und er ging hin. Und der Vater trat hin zu dem zweiten und sprach ebenso. Der aber antwortete und sprach: Ich gehe, Herr; und er ging nicht. Wer von den beiden hat den Willen des Vaters getan?

MATTHÄUS 21,29-31

„Hat er tatsächlich in ganzen Sätzen geredet?", fragte meine Freundin Jane verblüfft.

„Ja, ich war Zeugin", antwortete ich, „sogar mehrere Sätze – mit Subjekt, Verb und Objekt. Alles drin. Ein richtiger Gentleman war er. Blickkontakt zum Publikum, flüssig, natürlich, bescheiden, mit großer Würde, und ganz ohne Spickzettel. Und dazu noch genial am Flügel. Du wärst vor Stolz geplatzt."

Jane war sprachlos und rang nach Worten über die überraschte Freude, mit der sie die Nachricht begrüßen konnte, dass die Mühe der Erziehung offensichtlich nicht umsonst gewesen war.

Auch ich saugte wie ein Schwamm jedes noch so kleine positive Feedback zum Verhalten meiner Kinder auf. Jetzt durfte Jane in diesen Genuss kommen. Ich gönnte es ihr von ganzem Herzen. Ihr Sohn Tim hatte in der Tat seine Moderationsaufgabe bei einem Lobpreiskonzert für Jugendliche, das er mit meinen drei Kindern auf die Beine gestellt hatte, mit Charme und Bravour gemeistert. Jessie und Dani sangen, Stefan spielte Gitarre, Tim moderierte und saß am Flügel. Teamwork vom Feinsten.

Mütter sollten sich ruhig an ihren Jugendlichen ein Beispiel nehmen und Cliquen bilden. Ihr geballter Einfluss ist in den Turbulenzen der Pubertät eine nicht zu unterschätzende Kraft. Denn auch wir Mütter können Gruppenzwang ausüben. Wie meine Mutti-Clique zum Beispiel: An schlechten Tagen teilten wir Taschentücher und machten uns gegenseitig Mut, auf den Trümmerfeldern der Pubertät Spuren der Gnade Gottes zu suchen und das Gute in unseren Kindern nicht aus den Augen zu verlieren. Wir bestärkten uns darin, ruhig zu bleiben, wenn dicke Luft im Haus herrschte und man schon wieder nicht wusste, was man falsch gemacht hatte. Oder wenn nur einsilbige Geräusche – oder gar nichts – als Antwort auf ganz normale Fragen kamen. Oder wenn sich die Schulleistungen wieder im Tiefflug befanden.

Wir halfen uns gegenseitig, nicht aufzugeben. Wir zerrten unsere Teenager morgens aus dem Bett, unterstützten mit Volldampf jede Mitarbeit ihrerseits in der Gemeinde, finanzierten Musikunterricht, schickten sie zu den Pfadfindern, mahnten Fehlverhalten an und erlaubten uns nicht, unseren Humor zu verlieren, ob Zoff und Eiszeiten in unseren Häusern gerade herrschten, oder Spaß und Gelächter. Wir verabschiedeten uns endgültig vom Image der christlichen Bilderbuchfamilie und machten uns auf, anderen Eltern beizustehen, die einen ähnlichen Leidensweg gingen. Wir konnten mitfühlen. Es hat auch sein Gutes, wenn im eigenen Haus nicht alles wie am Schnürchen läuft.

„Nicht hat euch der Herr angenommen und euch erwählt, weil ihr größer wäret als alle Völker – denn du bist das kleinste unter allen Völkern – sondern weil er euch geliebt hat" (5. Mose 7,7; LUT).
Da haben wir es. Er liebt bedingungslos. Das war die Energie, die wir Mütter jetzt brauchten und um die wir gebeten hatten.

„Der dämliche Heuchler! Ein undankbarer Faulpelz ist er zu Hause, aber freitags beim Jugendabend ist er auf einmal zu sozialen Glanzleistungen fähig", klagte eine Mutter, nachdem sie erfahren hatte, dass ihr hauseigener Putzmuffel Moritz nach dem Jugendabend mit einem Besen in der Hand gesichtet worden war. „Er will nur bei den Mädchen Eindruck machen."

„Nein", entgegnete ich energisch, „er zeigt, dass die Erziehung daheim doch etwas bringt. Moritz mit dem Besen in der Hand, das ist der wahre Moritz. Und immerhin – er ist beim Jugendabend! Er könnte sich an schlimmeren Orten aufhalten als dort und mit schlimmeren Dingen in der Hand als mit einem Besen unterwegs sein."

Wir einigten uns, dass wir es lieber so herum haben – draußen nett, zu Hause unleidlich – als andersrum. Lieber an das glauben, wie andere Menschen unsere Kinder wahrnehmen als an das, was wir selber immer wieder erleiden müssen.

Und irgendwann reden auch Söhne wieder. Wie beim Sohn in Jesu Gleichnis aus Matthäus 21: Manche Ermahnungen zeigen nachhaltige Wirkung. Es kommen doch überraschende Ausbrüche von „Danke" und „Bitte", oder eine Karte zum Muttertag oder die höfliche Anfrage, ob dieser oder jener Plan in Ordnung ist. Hier und da ein Geschenk. Und irgendwann lichten sich die Wolken und man hat einen vernünftigen jungen Mann oder eine vornehme junge Frau auf Augenhöhe vor sich und lächelt milde, wenn Tante Gertrud mit Überraschung bemerkt: „Na, so 'n Netter ist er geworden. Wer hätte das gedacht?"

Zum Nachdenken:

- *Mit welchen Freundinnen könnte ich einen „Mütterverein" bilden, in dem wir gemeinsam für unsere Teenies beten und uns an schwierigen Tagen gegenseitig Mut machen?*
- *Wie nehmen andere Menschen meine Kinder wahr? Freue ich mich bewusst und aktiv über jede positive Meldung?*

Klothilde Hipp zieht ein

Zeit fürs Lachen.
Prediger 3,4

Fiktive Mitbewohner waren in unserer Familie keine Seltenheit. Da gab es zum Beispiel „Schmetterline", die immer herhalten musste, wenn etwas schiefgelaufen war, für das kein Kind Verantwortung übernehmen wollte. Schmetterline war es, die auf der neuen Tischdecke gekleckert hatte, Schmetterline hatte die Trinkbecher im Garten vergessen, Schmetterline hatte den Inhalt des Sandkastens auf den Rasen verteilt und das Fahrrad aus Versehen in der Stadt unabgeschlossen stehen gelassen. Ihre Berufung im Leben: Sündenbock für alle Fälle und Anlass für endlose Lachmomente.

Eines Tages schlich sich Klothilde Hipp – fast unbemerkt – in unsere Familie hinein. Sie entwickelte ein Eigenleben, das ihr einen unwiderruflichen Platz in unserem Alltag bescherte, bis ihre fiktive Geschichte ein Ende fand.

Gideon und Kerstin Maier, die Jugendleiter unserer Gemeinde, hatten ihr erstes Kind, eine kleine Talitha, bekommen. Die Ankunft des Babys löste bei Debbie und ihrer besten Freundin einen bis dahin beispiellosen Anflug von schelmischer Kreativität aus. Eines Tages landete ein Brief bei Gideon und Kerstin im Briefkasten, dabei eine CD von „Schnappi dem kleinen Krokodil". Fräulein Klothilde Hipp stellte sich vor, die sich um eine Anstellung als Kindermädchen bewarb. Ein großes Rätselraten ging los. Keiner kam darauf, wer hinter Klothilde Hipp und ihrer Bewerbung stecken könnte. Eine Staffel selbsternannter Detektive ging in einer kollektiven Jagd nach Klothi auf Spurensuche.

Debbie und ihre Mittäterin hatten Blut geleckt. Es folgten im Wochentakt Referenzen, Geschenke, Arbeitszeugnisse und weitere Bewerbungs-Unterlagen, die die frisch gebackenen Eltern überzeugen sollten, dass Fräulein Hipp die perfekte Nanny für ihre Tochter sei. „Klothi" hatte nur einen Grundschulabschluss, und eine entsprechende Handschrift und Rechtschreibung. In ihrem authentisch nachgestellten Schulzeugnis der vierten Klasse standen folgende Worte:

„Klothilde verfügte noch über einen geringen Wortschatz. Ihre Aussprache war nur schwer verständlich. Nicht immer war sie fähig, den Sinn des Gelesenen zu verstehen. Ihre Buchstabenkenntnis war noch nicht vollständig. Das Rechnen im Zahlenraum bis 20 bereitete ihr noch große Mühe."

Poststempel auf Briefen wurden originalgetreu nachgezeichnet. Alle paar Wochen kam ein Brief oder eine E-Mail aus einem anderen Land. Ein Missionars-Freund von Debbies englischem Opa warf einen Klothi-Brief in Russland ein, mit einer Referenz von einem Vladislav Natseevsky. Ein Schulfreund, der gerade ein Auslandsjahr machte, schrieb in Klothis Auftrag unter dem Decknamen „Chingbao Wang-Zugui aus Tschungking" in China. Mit jedem Schreiben offenbarte Klothi etwas mehr über ihre fiktive Familie und ihre fiktive Kindheit. Die Geschichten wurden immer wilder und dramatischer, und jedes Mal wurden die Spuren sorgfältig verwischt. Die kleine Zahl von Eingeweihten hielt treu den Mund und verriet nichts, während der Detektivstab immer fieberhafter nach Hinweisen suchte. Einmal flog die Sache fast auf. Ein Geschenk von Klothi war in Papier eingepackt, das ein Detektiv bei Vollkommers gesichtet haben wollte. Wir konnten die Situation retten und auf eine falsche Fährte umlenken.

Irgendwann musste Klothi zu Grabe getragen werden, vereinnahmte sie doch mit immer neuen Ideen um ihre Person zu viel Raum in unserem Familienleben. Eine Reise nach Paraguay stand für Debbie und ihre Freundin bevor. Das schien der geeignete Anlass zu sein, in einem witzigen Überraschungsauftritt beim Jugendabend das Geheimnis von Klothilde Hipp für alle zu lüften. Die Lachsalven, die ausbrachen, blieben unvergesslich.

Bis heute wird ihr Name immer wieder genannt – nicht ohne Wehmut und große Zuneigung. Drei ganze Seiten im Babyalbum von Talitha Maier sind ihr gewidmet. Man hätte doch so viele weitere Ideen gehabt ...

Es gibt in der Tat Zeiten, in denen man sich mit Freude und Lachen aktiv beschäftigen kann.

Zum Nachdenken:

- *Womit bin ich in meinem Herzen beschäftigt? Mit Sorgen, Klagen oder Urteilen über andere? Ist darin Platz für alberne Späße, Humor und Gelächter?*
- *Wie kann ich mein Herz aktiv mit Leichtigkeit und Freude füllen und diese Freude auch an andere weitergeben?*

Wahre Schönheit

Euer Schmuck sei nicht der äußerliche durch Flechten der Haare und Umhängen von Gold oder Anziehen von Kleidern, sondern der verborgene Mensch des Herzens im unvergänglichen Schmuck des sanften und stillen Geistes, der vor Gott sehr köstlich ist.

1. Petrus 3,3-4

„Das arme Mädchen!"
Meine Mutter schnalzte mit der Zunge und schüttelte ihren Kopf. Sie wusste, wie glamourös die giftgrünen Plateauschuhe, die damals in den Siebzigerjahren modern waren, in meinen Teenageraugen erschienen; sie wusste, wie bezaubernd erotisch die Beine meiner Freundin dadurch wirkten und mit welchem Reiz der enge Minirock einen der wenigen Körperteile schmückte, der nicht frei lag; und sie wusste, wie gemein es war, dass ich solche Edelexemplare der ultra-femininen Eleganz nicht tragen durfte.

„Abgründig hässlich", lautete ihr vernichtendes Urteil. Ich brauchte nicht zu fragen, warum. Meine Mutter wollte es mir sowieso sagen.

„Ich habe nichts gegen kurze Röcke, Nicola. Wenn man die Hüften und Beine dazu hat. Die haben aber nur wenige Frauen. Mary ist zu dick für den Rock. Siehst du die Fettpolster am Hintern – am *falschen* Teil vom Hintern – die herumwackeln, wenn sie die Treppe hochgeht? Der Rock macht sie dicker, nicht dünner."

Okay, wenn man es so sehen will, da ist was dran.

„Und ihre Mutter hat ihr nicht beigebracht, dass das gewisse, sexy Etwas, das jede Frau haben will, viel mehr mit Körperhaltung und Ausstrahlung zu tun hat, als mit der Menge an nackter Haut, die sie zeigt. In den Schuhen stolpert sie, sie läuft nicht. Ihr Körper ist nach vorne gebeugt, ihre Schulter gekrümmt, sie läuft wie ein Storch. Alles andere als sexy."

Ich hatte nichts zu entgegnen. Meine Mutter war in voller Fahrt.

„Ganz abgesehen davon, dass kein Mann eine Stehleiter holen

will, bevor er seine Angebetete küssen darf. Ihre Größe mit diesen Schuhen ist für potenzielle Verehrer abstoßend. Aber so weit wird es nicht kommen. Denn sie ist so sehr darauf konzentriert, nicht hinzufliegen – was in dem kurzen Rock ein Desaster wäre –, dass ihre Augen zusammengekniffen sind und nicht leuchten. Sie nimmt ihre Umgebung kaum wahr. Und die schwarze Schminke wirkt wolkig und skurril. Wie eine Eule." Das mochte ich an meiner Mutter. Sie kam nicht mit der frommen Mahn-Nummer, sondern lieferte gute Argumente.

Lektion erteilt. Der Antrag auf Plateauschuhe würde eine Weile warten müssen.

Menschen sind Herdentiere. Ein drahtiges Gerippe auf dem Laufsteg mit Botox-Schmollmund gibt vor, wie wir auszusehen haben. Brüste werden um die Wette aufgepumpt (und dann wieder abgepumpt), Fett abgesaugt, Haare gefärbt, Bauchnabel und Lippen gepierct. Die TV-Hauptsendezeit berieselt uns mit Körperkulten und Ideen, wie wir uns verunstalten können. Und sobald es uns auffällt, dass unsere Schönheit ein Verfallsdatum hat, fängt der Parcours für Fortgeschrittene an: Liftings und Anti-Falten-dies-und-das, Umsätze in Millionenhöhe für die Betreiber dieses Wahns. Warum dieser Unsinn nicht auffliegt und Frauen nicht zur Besinnung kommen, bleibt ein Rätsel.

Dass Schönheit von innen kommt, ist keine leere Floskel, sondern wahr. Und außerdem eine befreiende Erkenntnis für unsere Töchter. Sonst stünde es um diejenigen schlecht, die mit den Körpermaßen einer Heidi Klum nicht mithalten können. Meist begreifen sie dieses Prinzip viel besser, als sie es uns gegenüber zugeben wollen. Deshalb lohnt es sich, den schnöden Wir-wissen-es-doch-besser-Allüren unserer Töchter nicht klein beizugeben, sondern das Thema Schönheit wo immer möglich auf dem Radarschirm zu halten. In einer Zeit, in der Weiblichkeit oft auf die Darstellung sexueller Reize reduziert wird, dürfen wir als Christen fröhlich auf die Barrikaden gehen. Augen, die Humor und Lebensfreude ausstrahlen, brauchen wenig Schminke. Ein Mund, der mit Dankbarkeit überfließt, muss nicht durch Schichten von Lipgloss betont werden. Ein Körper, der sich aufrecht und schwungvoll durch die Gegend bewegt, braucht nicht teuer geschmückt zu werden, um aufzufallen – und wenn schon auffallen, dann lieber als Persönlichkeit, die es zu respektieren und zu bewundern gilt, der ein Mann als Gegenüber begegnen darf und nicht als sexuelles Objekt, das sich verkaufen will.

Die alttestamentliche Königin Esther war auf den ersten Blick „von schöner Gestalt" (Esther 2,7). Es waren aber innere Werte, die sie aus der Menge hervorstechen ließen und mit denen sie „Gnade erlangte" (Esther 2,9).

Denn Gottes Casting-Show läuft anders als die Casting-Shows dieser Welt. Bei dem göttlichen Juror zählt nicht die Inszenierung, sondern die Hingabe unseres Lebens. „Wer sein Leben retten will, wird es verlieren", sagte Jesus, „wer aber sein Leben verliert um meinetwillen [...], wird es retten" (Markus 8,35).

Vielleicht wollte der Apostel Petrus gerade auf dieses Prinzip hinaus, als er Frauen ermahnte, ihre Schönheit nicht an Haarflechten oder Goldschmuck zu messen. Der „sanfte und stille Geist, der vor Gott sehr köstlich ist", (1.Petrus 3,4) bedeutet ganz gewiss nicht ein Verbot für Ohrringe und Nagellack. Petrus wollte seinen Mitchristinnen lediglich Mut machen, Schönheit anders zu definieren: nämlich als Abglanz des Schöpfers, der aus einem glücklichen Gesicht leuchtet.

Schönheit als Selbstzweck bleibt fad und leer. Während ich diese Worte schreibe, sehe ich meine Töchter vor mir, die mit ihren Augen rollen, und höre ihr mitleidvolles „Ach, die Mama". Aber ich tröste mich mit der Erinnerung daran, dass ich genauso reagierte, als meine Mutter ihre Standpauken zum Thema Plateauschuhe zum Besten gab. Ich hätte es nie zugegeben, wusste aber, dass sie recht hatte. Aus dem einfachen Grund, dass ihr eigenes Leben ihre Worte untermauerte. Sie war bildhübsch, ohne auf ihre Schönheit viel zu setzen – und gerade das machte sie noch schöner. Ein Vorbild, das lauter spricht als ermahnende Worte.

Zum Nachdenken:

- *Bin ich in meinem äußeren Erscheinungsbild ein Vorbild für meine Teenager?*
- *Bin ich oft genug mit Jesus zusammen, um seine Kraft und Schönheit durch mein Leben leuchten zu lassen?*

Sexgeplauder ohne Tabu

Die jugendlichen Begierden aber fliehe.
2. Timotheus 2,22

„Bin ich hässlich genug, um Tante Amalie zu sein?"
„Tante Amalie trägt weder Stöckelschuhe noch Lippenstift, sie ist sittsam!", antwortete meine Schwester.
So oder ähnlich fing ein Kinderspiel an, das wir „Missionare" nannten.
In unserem Kopf gab es zwei weibliche Lebensentwürfe. Entweder sollten wir bieder und keusch aussehen – in der Hoffnung, dass unsere innere Schönheit stark genug leuchtet, um den Blick eines sehr heiligen Mannes auf uns zu ziehen. Oder in die Diskowelt abtauchen: Zügellosigkeit, fesche Mädchenmode und Jungs bis zum Abwinken.
Zum Glück gab es Vorbilder, die uns eines besseren belehrten. Unsere Mutter zeigte uns, wie man hübsch sein kann, ohne sich inszenieren zu müssen. Sie redete unerschrocken über Sex und fand das Thema nicht peinlich. Weitere Vorbilder waren die Heldinnen Lizzy und Jane aus Jane Austens britischem Klassiker „Stolz und Vorurteil". Wir hatten das Glück, diesen Roman als Zwangslektüre im Fach Englisch in der 7. Klasse zu haben. In einer Zeit, in der junge Frauen einem fieberhaften Wettkampf um die beste Heiratspartie ausgesetzt sind, beschließen die beiden Protagonistinnen, lieber ledig zu bleiben, als ihre Reize in den Dienst der Männerjagd zu stellen. Jane Austen, Tochter eines Pfarrers und von einer tiefen Frömmigkeit geprägt, bringt es fertig, christliche Tugenden wie Zurückhaltung und Respekt für das andere Geschlecht mit Witz und Humor begehrenswert zu machen. Der Kontrast zu den Schwestern Lydia und Kitty, beide unverbesserliche Flirts, bildet den Kern der Geschichte. Nach vielen Irrungen und Wirrungen sind es natürlich Lizzy und Jane, die das große Los ziehen und mit den entsprechenden Ehemännern am Ende glücklich verheiratet sind.

Jugendliche merken immer auf, wenn sie das Wort Sex hören. Diesen Automatismus dürfen wir als christliche Eltern und Gemeindemitarbeiter zu unseren Gunsten nutzen und zeigen, dass man mit uns offen darüber reden kann – in der Kinderkirche, in Jugendtreffen, am Familientisch. Wir können ihnen beibringen, dass der Mensch kostbar ist und keine Ware, der sich auf Kurven, Rundungen oder einen Waschbrettbauch reduzieren lässt. Und dass Sex kein Produkt ist, das es hemmungslos zu vermarkten gilt, sondern ein kostbares Geschenk Gottes, das ruhig auf sich warten lassen kann.

Kluge Menschen sind sich zu viel wert und respektieren ihre Mitmenschen zu sehr, um ihren Körper auf dem Markt der Erotik billig anzubieten. Dadurch haben sie bessere Chancen, einen Partner anzuziehen, mit dem oder mit der man ein Leben lang glücklich sein kann. Die Bibel bietet zwei attraktive Lebensmodelle an: Eine verbindliche Ehe, in der sich Sexualität im Schutz einer lebenslangen Partnerschaft entfalten darf. Oder ein ausgefülltes Leben in sexueller Abstinenz als Single, das gegenüber dem Modell „Ehe" aber, biblisch gesehen, keineswegs minderwertig ist. Beide Modelle brauchen für ihr Gelingen einen riesigen Schuss Gnade Gottes, Durchhaltevermögen und die Entschlossenheit, in sexueller Reinheit zu leben.

„Heutzutage kann man das von jungen Leuten nicht erwarten", sagte mir mal eine christliche Freundin.

Warum nicht? Weder sexuelle Enthaltsamkeit noch sexuelle Treue war zu irgendeiner Zeit der Menschengeschichte einfach. Aber gottesfürchtige Menschen waren zu allen Zeiten bereit, zugunsten eines höheren Glücks auf die schnelle Befriedigung zu verzichten und zu erkennen, dass diese letztlich gar keine Befriedigung ist.

Eine tiefgründige Ehrfurcht vor dem sechsten Gebot: „Ihr sollt die Ehe nicht brechen", darf unser Leben und das unserer Kinder prägen – lange bevor ein Ehepartner in Sicht ist. Paulus' Aufforderung an den jungen Timotheus: „Bewahre dich selbst rein" (1. Timotheus 5,22), ist nicht nur ein Gebot, sondern auch ein Angebot.

Ein Wegweiser in eine glückliche Ehe oder ein fröhliches Singledasein hinein.

> Zum Nachdenken:
>
> - *Reden wir frei und offen über Sex in unserer Familie? Wenn nicht, wie können wir das einüben?*
> - *Bin ich selber vom biblischen Bild erfüllter Sexualität so geprägt, dass ich meine Kinder auf den Geschmack bringen kann?*

5. Das Leben danach

Den Segen wuchern lassen

Sie überwacht die Vorgänge in ihrem Haus, und das Brot der Faulheit isst sie nicht.

Sprüche 31,27

Geplant war der Einstieg in den Beruf nicht. Weder hatte ich das Gefühl, gemäß Sprüche 31 das Brot der Faulheit zu essen, noch war ich gelangweilt. Meine Lebensaufgabe sah ich bei meinen Kindern und in der Unterstützung meines Mannes in seiner Arbeit als Pastor. Hierzu hatte ich mich bei unserer Heirat verpflichtet, und solange er in der Gemeinde seine Aufgabe sah, stand für mich nichts anderes zur Debatte. Die Frau eines Pastors zu sein war zwar nicht mein Traumberuf, aber für ein Leben an der Seite dieses Mannes war ich bereit, viele Lebensträume umzustricken.

Nicht lange nach der Gründung unserer Gemeinde begriff ich aber, warum so viele Mitarbeiter in christlichen Werken mit ihren Familien in Not kommen. Gerade in kirchlichen Kreisen ist man den Ansprüchen fordernder Menschen ausgeliefert. Hilfesuchende bringen verborgene Defizite ins Gemeindeleben mit, erwarten vom Leiter die Anerkennung, die ihnen vorher vorenthalten blieb und sind dementsprechend enttäuscht, wenn sie nicht genug davon bekommen. So lebt man als Frau des Pastors in einem sozialen Gefüge, das jederzeit zusammenbrechen kann. Hinter der hohen Zahl von Scheidungen und Zusammenbrüchen, die geistliche Leiter heimsuchen, steckt unvorstellbares Leid.

Eine befreundete Pastorenfrau klärte mich auf: „Es gibt in diesem Geschäft nur eine Art zu überleben. Hart werden und Menschen nicht an dich heran lassen." Diese Option kam für mich nicht infrage. Schließlich geht es in diesem „Geschäft" hauptsächlich um Menschen, um Zugänglichkeit. Diese Zugänglichkeit kostete aber ihren Preis, und ich litt im Laufe der Jahre im Gemeindedienst immer mehr unter der Einsamkeit und dem Gefühl, in einem Käfig zu sitzen.

Eines Tages erzählte mir meine Freundin Jane, dass Muttersprachler für den Englischunterricht in der Volkshochschule gesucht wurden. Wäre das nicht was für mich? Ich schluckte. Nach 15 Jahren Hausfrauendasein ab in die Berufswelt? Ob ich fähig sei, vor einer Klasse zu stehen und zu unterrichten? Die Reaktion meines Mannes war gewohnt nüchtern. Lieber außer Haus beschäftigt sein, als zu Hause aus Furcht vor klagenden Gemeindemitgliedern bei jedem Klingeln des Telefons zusammenzuschrecken. Und die Kinder? Der Protest blieb aus. Klar: Bis sie von der Schule zurückkamen, würde ich schon längst wieder zu Hause sein. Für sie änderte sich nichts. So viel zu meinem Ideal der immer verfügbaren Mutter, deren Rund-um-die-Uhr-Zuwendung vom verehrten Nachwuchs über alles geschätzt wird.

Als ich schweißgebadet das Büro der Abteilungsleiterin für Englisch mit meinem Lebenslauf in der Hand betrat, kam ich mir wie ein Kind an seinem ersten Schultag vor. Die große, weite Welt lag offen vor meinen Füßen. Wenige Minuten später kam ich freudestrahlend und nach Kaffee duftend wieder hinaus. Mit einem Vertrag für drei Seniorenkurse bewaffnet, verkündete ich meinem Mann voller Stolz, dass er jetzt eine berufstätige Frau hatte. Ich traute mich kaum, zuzugeben, dass das Unterrichten mir wahnsinnig Spaß machte. Besorgt hielt ich in den darauffolgenden Wochen Ausschau nach ersten Anzeichen der emotionalen Verwahrlosung bei meinen Kindern.

Stattdessen musste ich Kommentare wie „Was, von *dir* lernen Omas Englisch...?" über mich ergehen lassen. Verwunderte Blicke, als ich mich für die Arbeit schick machte. Klar, sie kannten mich nur in der Schürze am Spülbecken und im Freizeitlook auf dem Spielplatz. Mama als Profi unterwegs auf dem pädagogischen Schlachtfeld – das erzeugte doch so etwas wie mürrischen Respekt.

Ich schloss neue Freundschaften, in denen ich nicht Angst haben musste, fallen gelassen zu werden, nur weil jemand mit der Liederauswahl am Sonntag nicht einverstanden war.

Ich lernte kirchenferne Menschen kennen und erzählte, warum ich Christ bin. Sie erzählten, warum sie Kirche für überholt hielten.

Es dauerte nicht lang, bis ich das Miteinander auch in der Gemeinde neu schätzen lernte. Wir hatten inzwischen Mitarbeiter, die in erster Linie verlässliche Freunde und nicht ambitionierte Karrierechristen waren.

Die Frau, die in Sprüche 31 in höchsten Tönen gelobt wird, war weit über ihre Familiengrenzen hinweg aktiv. Sie sah ihre Geldgeschäfte nicht als eine vom Familienleben getrennte Welt, sondern als Erweiterung der fröhlichen Atmosphäre, die sie zu Hause verbreitete. Überhaupt finden wir in der Bibel nichts vom Entweder-oder-Denken, das moderne Eheleute in ein Dilemma bringt. Auch nicht die Gegenüberstellung von ehrenamtlich versus berufstätig. Die Familie ist für Ehemann wie auch für Ehefrau die Zentrale, in der der anvertraute Segen gepflegt und genossen wird. Die Vorgänge werden bewacht und geschützt. Aber auch offen gehalten, damit dieser Segen weit über die Grundstücksgrenze des Familienhauses hinaus wuchern kann.

Zum Nachdenken:

- *Welchen Segen (Talente, Ressourcen, Vorteile) hat Gott uns als Familie anvertraut?*
- *Sind wir dabei, diese dankbar zu pflegen und auch Menschen außerhalb unserer „Zentrale" zum Segen werden zu lassen?*

Die Ernte

Lasst uns aber im Gutestun nicht müde werden! Denn zur bestimmten Zeit werden wir ernten, wenn wir nicht ermatten.

GALATER 6,9

Zwischendrin gab es sie immer wieder, diese unvergesslichen Gänsehautmomente, in denen ich dachte: „Die ganze Mühe hat sich doch gelohnt." Nicht, um sich selbstgefällig auf die Schulter zu klopfen, sondern um in tiefer Dankbarkeit auf die Knie zu sinken und, manchmal unter Tränen, zu flüstern: „Danke, Herr, für deine Gnade." Unverdiente Gnade, nachdem die Kindererziehung so oft mehr einem Stochern in der Dunkelheit geglichen hatte als der zuversichtlichen Strategie von Menschen, die wissen, was sie tun.

Die Bibel macht es uns klar: Das Saatgut muss gesät werden. Wir werden nicht immer an der gleichen Stelle ernten, auch nicht zu der Zeit und auf die Weise, die wir uns gewünscht hätten. Aber eine Ernte wird es geben, irgendwo, irgendwann. Es gab Zeiten, in denen wir das Gefühl hatten, die Kinder anderer Menschen positiver prägen zu können als unsere eigenen. Oder dass Eltern, die sich weniger Mühe bei der Erziehung ihrer Kinder machten als wir, das bessere Los gezogen hatten. Aber immer wieder erlebten wir, dass der Same doch aufgegangen war.

Der Querschießer, der im Gottesdienst Nachrichten mit seinen Kumpels tauschte, während sein Vater predigte, will auf einmal ganze Sache mit dem Glauben machen und sich taufen lassen. Der ehemalige Lernmuffel erwähnt lässig, aber sichtlich erfreut, dass er den begehrten Job bekommen hat. Die Tochter, die so schüchtern war, tritt in einem gefüllten Saal auf die Bühne und erzählt, was Gott in ihrem Leben getan hat. Ist das wirklich die Gleiche, die am ersten Schultag im Bus heulte, als ginge es um ihr Leben? Sie bekommt ein Stipendium, das ihr hilft, das Studium zu finanzieren. So viel zu meinen Sorgen, dass meine Kinder finanziell zu kurz kommen werden, nur weil ihr Vater Pastor ist.

Ein Sohn erzählt vor den gesammelten Gästen bei seiner Trauung, dass er sich wegen Jesus für den Glaubensweg entschieden hat, und nicht, weil seine Eltern ihn dazu verdonnert haben. Ist das wirklich der kleine Spitzbub, der Sonnengesichter auf die Tapete malte? Eine andere Tochter schreibt aus einem Missionseinsatz in Kambodscha, dass sie ihr Leben Gott ganz und gar zur Verfügung gestellt hat – er darf sie schicken, wohin er möchte.

Oder die „Ernte" zeigt sich bei Kindern, die den Glaubensweg ihrer Eltern zwar nicht teilen, deren christliche Grundwerte aber treu umsetzen und von diesen Werten profitieren. Andere kehren nach Umwegen oder nachdem sie eigene Kinder bekommen haben und merken, dass das Wort Gottes doch Halt und Orientierung gibt, zu ihren christlichen Wurzeln zurück. Egal, welche Lebenswege unsere Kinder letztlich gehen, sie bleiben Geschenke Gottes. Auch wenn sie erwachsen sind, dürfen wir uns an der Erinnerung jener ersten Augenblicke nach der Geburt freuen und uns immer wieder beschenkt fühlen.

„Aber stolz darf man als Christ *nicht* sein", belehrte mich einmal eine Mutter, nachdem ich ihr gesagt hatte: „Mann, so ein toller Sohn! Bist du nicht unendlich stolz auf ihn?"

„Oh, doch!", belehrte ich sie zurück. Wenn es eine Sache gibt, nach der unsere Kinder sich sehnen, ist es diese: dass wir stolz auf sie sind! Nicht in erster Linie auf ihre Leistungen; nicht daran gemessen, ob sie unseren Erwartungen gerecht werden oder nicht – sondern einfach beglückt, weil Gott uns für wert geachtet hat, mit Kindern beschenkt zu werden. Unverdient. Ich wäre auch ohne ihre Leistungen stolz auf sie.

Neulich flogen Helmut und ich nach Israel, um mit einem kleinen Mietauto fernab der Touristenstätten die Spuren Abrahams in der Negevwüste zu verfolgen. Hier war der Ort, wo Abraham immer wieder über die Verheißung Gottes nachgedacht haben muss: „In dir werden alle Familien der Erde gesegnet sein" (vgl. 1. Mose 12,4). Eine menschenleere Einöde. Nur Wüste weit und breit, bis heute. Das Gefühl der Einsamkeit war befremdlich, überwältigend, wohltuend. Wie oft hatte Gott auch in unserem Familienleben an den dürrsten Stellen angefangen, in und mit uns zu wirken, uns Glauben und Vertrauen gelehrt, auch ohne sichtbare Erweise seiner Güte. Isaak, der Sohn Abrahams, wurde aufgefordert, Samen in der Wüste zu säen, sogar mitten in einer Hungersnot (1.Mose 26, 1). Wir lesen: „Er gewann in jenem Jahr das Hundertfache, so segnete ihn der Herr" (1.Mose 26,12). Typische Bildersprache der Bibel. Wir sollen nie aufhören, die Saat des Wortes Gottes im Leben unserer Kinder zu säen, auch wenn der Boden hart und ausgetrocknet erscheint. Irgendwann kommt eine Ernte.

„Er geht weinend hin und trägt den Samen zum Säen. Er kommt heim mit Jubel und trägt seine Garben" (Psalm 126,6).

Zum Nachdenken:

- *Welche „Erntemomente", seien sie noch so klein, kann ich heute in Dankbarkeit vor den Herrn bringen?*
- *Habe ich meinen Kindern heute gezeigt, dass ich auf sie stolz bin, ganz unabhängig davon, ob sie etwas „Vorzeigbares" geleistet haben oder nicht?*

Midlife-Wellness

Noch im Greisenalter gedeihen sie, sind sie saftvoll und grün.
PSALM 92,15

Der Übergang von der flotten Jungmutti zur Dame mittleren Alters gehört im Vorfeld gründlich durchdacht. Nur zu blöd, dass Lebensphasen zu den Dingen gehören, die sich von hinten heranschleichen, ohne dass man sie groß bemerkt. Mein Gehirn realisierte nur langsam, dass die Tage vorbei waren, in denen ich mich tütenweise mit Chips und Pralinen vollstopfen konnte und danach genauso drahtig aussah wie zuvor. Konnte es sein, dass die intensive Denkarbeit, die ich leistete, doch keine Kalorien verbrannte? Schade.

Eine Ärztin informierte mich, dass meine Beckenbodenmuskulatur komplett fehlte. Die Spätschäden von vier Schwangerschaften. Am Herd stehen, Wäsche, Babys und Windeln herumtragen und sich viele Sorgen machen – das zählte wohl nicht als Rückbildungsgymnastik. Drei graue Haare wurden auf meinem Kopf gesichtet, zwei Altersflecken tauchten auf meinem rechten Arm auf. Es bestand kein Zweifel mehr: Abnutzungserscheinungen waren im Anmarsch, die Strapazen der Mutterschaft hatten Spuren hinterlassen.

Mit Empörung stellte ich fest, dass sich eine ganze Reihe von Verdrängungstaktiken in meiner Seele eingenistet hatten. Ich schaute mich nur in dem einen Spiegel an, der mich irgendwie schlanker als die anderen machte. Und nur im Seitenprofil, mit eingezogenem Bauch. Und gleich nach dem Aufstehen, bevor die Rollläden hochgezogen wurden und Licht ins Schlafzimmer ließen. Um diese Zeit fühlte ich mich dünner. Meine Haare richtete ich in der Halbdämmerung einer einzigen Glühbirne im Bad. So wurden keine Falten sichtbar, und meine Augen wirkten groß.

Eine ehrliche Auseinandersetzung mit der Wahrheit war fällig. Ich holte Luft und stieg auf die Waage. Bei vollem Tageslicht, ohne vorher auf die Toilette und zum Friseur zu gehen, ohne meine

Uhr auszuziehen, und direkt nach dem Mittagessen. Das Ergebnis war erschütternd. Eine klare Kampfansage gegen die Pfunde folgte. Jetzt oder nie. Alle Register wurden gezogen: ein Crosstrainer gekauft, Einkaufslisten revidiert, der schockierten Familie eine Mama-Gesamtüberholung angekündigt, Pralinen und Chips aus dem Haus verbannt, Äpfel und Orangen in eine Begrüßungskiste neben der Garagentür gelegt, um bei der Rückkehr von der Arbeit den Heißhunger zu stillen, bevor gierige Augen Flips und Erdnüsse erspähen konnten.

Ich versuchte, mich selber mit all den nötigen Lügen auszutricksen – dass Schokolade giftig ist, dass Salatköpfe so lecker wie Butterkekse sind und so satt wie Erdbeereis machen, dass sich mein Magen lediglich nach einem Glas Wasser statt nach einer Pizza sehnt und dass ein langes Schaumbad das Magenknurren genauso beruhigt wie eine saftige Sahnetorte.

Ich gönnte mir für zwei gepurzelte Kilos jeweils eine Belohnung. Einmal durfte ich mir die Ohren stechen lassen – ein später Befreiungsschlag von der Devise meines Vaters: „Wenn der liebe Herrgott dich mit Löchern in den Ohren gewollt hätte, hätte er dich so geschaffen." Das jeweilige Kleidungsstück, in das ich hineinpassen wollte, hing direkt vor meinem Bett und war das erste Objekt, auf das mein Blick beim Aufwachen fiel. Noch bevor ich von Croissants und Kräuterbutter träumen konnte.

Helmut kleidete mich neu ein. Nachdem er immer wieder behutsam gefragt hatte, ob Kleider und Röcke, die 25 Jahre alt waren, nicht entsorgt werden könnten, sah er jetzt seine Chance. Und ich hatte mein Ziel erreicht: Größe 38! Meine Freude kannte keine Grenzen und ich fühlte mich wie neu geboren, „saftig und grün". Das letzte Lebensdrittel durfte kommen. Es gab immerhin noch viel anzupacken!

Zum Nachdenken:

- *Was unternehme ich, um gesund zu bleiben? Was tue ich für mein Aussehen?*
- *Gibt es andere Wege, wie ich mich auf ein fröhliches Midlife-Leben vorbereiten kann?*

Das Nest leert sich

Für alles gibt es eine bestimmte Stunde.
PREDIGER 3,1

Ich habe festgestellt, dass das Modell „Hotel Mama" nie ausdient. Gewohnheiten sitzen tief. Für mich ist es unbestritten, dass eine Mutter, die nach einem langen Arbeitstag nach Hause kommt, ihre Ruhe verdient. Und dass es erwachsenen Mitbewohnern ruhig von ganz alleine auffallen darf, dass die Treppe dringend gewischt, Wäsche sortiert und der Garten bewässert werden muss. Wie kam ich bloß auf so einen abwegigen Gedanken? Mein lautes Seufzen, wenn ich den Staubsauger aus der Küche schleppe, mein demonstratives Türknallen, wenn ich in den Garten gehe, mein lautstarkes Gestöhne beim Treppenwischen. Alles bleibt ohne Wirkung. Der Wäschekübel, den ich als unübersehbares Hindernis auf die unterste Stufe der Treppe gestellt habe, steht immer noch da, immer noch voll. Meine Hausbewohner müssen jedes Mal, wenn sie die Treppe benutzt haben, einen hohen Sprung darüber gemacht haben.

Immerhin heben sie höflich die Beine, wenn ich den Teil vom Teppich sauge, auf dem ihre Füße gerade geparkt sind.

Es ist Zeit, dass sich das Nest leert, eindeutig. Als Adlermutter würde ich sie jetzt hinausschmeißen. Mir fällt auf, dass ich ihnen nicht mehr gedanklich nachhänge, wenn sie fort sind. Ich genieße die Ruhe im Haus und das Gefühl, nicht permanent auf die Uhr zu schauen. Nur wenn es ihnen in der Ferne schlecht geht, dann steigen die alten Panikgefühle und Ängste hoch. Aber auch da müssen sie lernen, auf den eigenen Füßen zu stehen. Und ich genauso. Der Lärm und das Lachen, wenn sie wieder da sind und Freunde mitbringen, sind dann umso schöner. Genau wie die Erleichterung, wenn ein Lebenszeichen aus einem fernen Land kommt: „Mir geht es gut, macht euch keine Sorgen."

Das seltsame Gefühl, dass unsere Kinder uns nicht mehr brauchen, um die sich seit Jahren unsere ganze Existenz drehte, ist gewöhnungsbedürftig. Verständlich, dass manch verwaiste Eltern in ein gähnendes Loch fallen. Die neue Zweisamkeit öffnet aber ganz neue Horizonte, wenn man nur will: neue Ziele setzen, einkaufen gehen, ohne an die nächste Mahlzeit zu denken und sechs verschiedene Tagesabläufe im Kopf zu haben, zu zweit im Wald spazieren gehen, in die Berge fahren, in einem gemütlichen Café einkehren.

Heutzutage läutet das leere Nest nicht mehr wie früher den Lebensabend ein. Die meisten von uns können sich in guter Gesundheit und in sattem Wohlstand zu neuen Ufern aufmachen. Schade, dass sich so viele Paare ausgerechnet dann scheiden lassen, wenn der eigentliche Spaß beginnen könnte. Man kann sich als Ehepaar neu definieren und frische Pläne schmieden. Eine gegenseitige Wertschätzung entdecken für alles, was man gemeinsam durchstanden hat. Sich neu ineinander verlieben.

Es ist auch die Chance, sich mit allem zu versöhnen, was in den zurückliegenden Jahren nicht so gut gelaufen ist. Die Erziehung unserer Kinder bleibt ein unvollständiges Werk. Es gibt viel, was wir anders machen würden, wenn wir noch mal von vorne anfangen dürften. Vieles, was ich gelassener, mit mehr Humor und nicht so vielen Sorgenfalten im Gesicht angehen würde. Den Rest – den Teil, den wir nicht geschafft haben – muss ihnen das Leben und der zukünftige Ehepartner beibringen oder einfach in die Hände Gottes zurückgelegt werden.

Der Herr der Schöpfung hat die Schlüssel seines Königreichs in der Tat in sehr unbeholfene Hände gegeben. Mich tröstet das Wissen, dass wir uns einem Gott anvertraut haben, der sich unserer Schwachheiten bewusst ist, und unsere Fehler und Blamagen in seine Rechnung mit einkalkuliert hat. „Denn wir haben nicht einen Hohenpriester, der nicht Mitleid haben könnte mit unseren Schwachheiten, sondern der in allem in gleicher Weise wie wir versucht worden ist, doch ohne Sünde" (Hebräer 4,15). Er, der die Lebensphasen geschaffen und „für alles eine bestimmte Stunde" ausgemessen hat, wird auch über diese Stunden schützend und führend wachen, wenn wir fest daran glauben, dass unsere Zeit in seiner Hand liegt.

Zum Nachdenken:

- *Bereite ich mich bewusst auf die Zeit vor, in der ich keine Kinder mehr im Haus haben werde?*
- *Welche Vorkehrungen möchte ich treffen, um auch ohne Kinder ein erfülltes Leben zu leben?*

Wenn die Uhr abläuft

So lehre uns denn zählen unsere Tage, damit wir ein weises Herz erlangen!

Psalm 90,12

„Oma, wenn ihr sterbt, gebt mir alle Schlüssel vom Haus. Die Autoschlüssel, die kannst du behalten, ihr müsst ja noch zum Friedhof fahren", sagte mein Neffe Yannick einmal zu meiner Schwiegermutter. Wir lachten darüber. Kinder haben scheinbar mit dem Thema Tod nicht die gleichen Probleme wie wir. Ich weiß noch, wie ich meine Oma einmal unverblümt fragte, ob ich nach ihrem Tod ihre schöne Seife haben könnte.

Wir sind Todgeweihte. Eines Tages müssen wir diese irdische Hülle zurück an die Garderobe hängen und den Schlüssel abgeben. Spätestens in dem Augenblick, in dem der Tod seinen Schatten vorausschickt, wird es klar, dass unser Leben nur eine Leihgabe ist. Früher wusste man, wie der Tod funktioniert. Es wurde im Kreis der Familie gelitten und gestorben. Kinder bekamen es mit. Heute haben wir das Thema in sterile Kliniksäle ausgelagert, in die wir uns auf Zehenspitzen hineinschleichen. Für unsere Kinder gehört der Tod zunehmend zur medialen Unterhaltung. Völkermord in Nahost, eine Vergewaltigung in Indien oder eine Schießerei in den USA und zwischendrin Vettels Formel-Eins-Sieg und Schweinsteigers Knieverletzung. Tragödien werden in der trockenen Amtssprache der Polizei vermittelt, Bedauern geäußert, den Tätern mit Konsequenzen gedroht, trauernde Verwandte vor die Kamera gezerrt und Trauerstunden abgehalten. Wem das zu viel wird, der kann mit einem Knopfdruck der Fernbedienung auf Rosamunde Pilcher oder die Sportschau umschalten. Die Presse zieht wieder ab, und zertrümmerte Familien werden sich selbst überlassen. Irgendwann wird das ganze Drama in Computerspielen nachgespielt, sodass Kinder bald nicht mehr zwischen Realität und Spiel unterscheiden können.

In dem Moment aber, in dem der Tod unser eigenes Leben berührt, wird es ernst: wenn der geliebte Opa in einem Sarg in die Erde gelegt wird; wenn die junge Mutter erfährt, dass sie Brustkrebs hat, Ausgang ungewiss; wenn das Kind tot auf die Welt kommt. Fassungslosigkeit, das zerreißende Gefühl von Verlust und Vergänglichkeit. Kinder dürfen ruhig früh im Leben erfahren, dass wir mit den gleichen leeren Händen wieder gehen, mit denen wir gekommen sind. Die Uhr läuft ab, Kräfte schwinden. Auch Jugend und Gesundheit schützen uns nicht davor. Es ist nicht makaber, sondern klug, unsere Kinder immer wieder an diese Tatsache zu erinnern.

Den Tod zu thematisieren, hat nicht nur Nachteile. Wer auf einem gepackten Koffer sitzt und bereit ist, seinem Schöpfer zu begegnen, lebt leichter. Wer sein Leben den Händen anvertraut, die sich dieser Welt heilend, vergebend und wiederherstellend entgegenstrecken, der weiß sich getragen, auch in Leid und Sterben. Das ist die Kraft des Evangeliums: Jesus brach durch die Schallmauer des Todes hindurch und machte den Weg ins ewige Leben frei. Das Kreuz war kein Betriebsunfall, sondern die Garantie schlechthin, dass es für diejenigen, die glauben, keine Abrechnung mit Sünde und Verfall mehr gibt. Frieden wurde angeboten, die Rechnung bezahlt, ewiges Leben geschenkt.

Und dies alles ist viel mehr als eine Art Versicherungsabkommen für den Fall der Fälle. Es ist eine Hoffnung, die sich bis in die Details des Alltags hinein auswirkt. Wer sich seiner Vergänglichkeit bewusst ist, hält sich viel eher an den Vater, „bei dem keine Veränderung ist noch Wechsel des Lichts und der Finsternis" (Jakobus 1,17). Der geht behutsamer mit seinen Mitmenschen um, allen voran seiner Familie. Wer sich auf den Himmel freut, klammert sich nicht an seine weltlichen Rechte, sondern der versteht die Kraft der Vergebung, kann loslassen und muss nicht immer recht behalten.

Unsere Tochter Debbie, die am Anfang ihres Lebens wochenlang um jeden Atemzug rang, arbeitet jetzt als Diplomatin und darf ihr Heimatland in den Botschaften der Welt vertreten, in die sie gesandt wird. Ihr Job ist es, dafür zu sorgen, dass ihr Land gut dasteht und dass seine Interessen vertreten werden. Auch wir Christen vertreten ein Heimatland und dürfen dieses „Land" hier auf Erden repräsentieren und seine Interessen vertreten.

Als Petrus auf dem Berg der Verklärung einen Geschmack von dieser himmlischen Heimat bekam, wollte er dort bleiben. Diese Herrlichkeit hatte ihn in ihren Bann gezogen, er war gefesselt von ihr. Jesus erlaubte es ihm nicht. Denn unten im dunklen Tal gab es Arbeit zu tun. Ein kranker Junge und ein weinender Vater warteten auf Hilfe. Jesus ging aber mit seinen Jüngern mit.

Die Bibel verspricht, dass ein Tag kommen wird, an dem wir nicht mehr vom Berg hinuntergehen müssen, sondern für immer bei unserem Herrn in den himmlischen „Hütten" bleiben dürfen, die er für uns vorbereitet hat. Unsere Tage hat er in der Tat „gezählt". Bis dahin gibt es noch Arbeit zu tun. Viele junge Menschen und viele Eltern warten darauf, den erlösenden und heilenden Herzschlag eines liebenden Gottes kennenzulernen. Und wir dürfen ihnen davon erzählen!

Zum Nachdenken:

- *Verdränge ich das Thema Tod, oder habe ich mich damit auseinandergesetzt?*
- *Reden wir in der Familie darüber? Wie können wir uns vorbereiten?*